PUHUA BOOKS

我们一起解决问题

トヨタの研修を20年続けたプロが直言する
現場をなめるな！

丰田一线人才培养法

[日] 早矢仕正克 著　郭蓓 译

人民邮电出版社
北　京

图书在版编目（CIP）数据

丰田一线人才培养法 /（日）早矢仕正克著 ；郭蓓译. -- 北京 ：人民邮电出版社，2019.11（2023.4重印）
ISBN 978-7-115-52192-7

Ⅰ. ①丰… Ⅱ. ①早… ②郭… Ⅲ. ①丰田汽车公司－工业企业管理－人事管理－经验 Ⅳ. ①F431.364

中国版本图书馆CIP数据核字(2019)第219042号

内容提要

作为闻名世界的一流企业，丰田拥有健全的人才培养体系，该体系持续不断地为丰田输送优秀的一线人才。本书作者长期从事培训及咨询工作，并与丰田合作20多年，对于如何培养一线人才，总结出了一套行之有效的培训模式。

本书以层层递进的方式展开论述。作者首先通过自己的亲身经历，解释了丰田能够确保一线员工努力工作的原因，并在此基础上揭示了什么是人才培养的真谛；其次详细介绍了丰田员工培训的具体环节和内容，以及企业经营者和培训负责人在人才培养方面需要注意哪些事项；最后列举了几个采用丰田培训模式的中小型企业的案例，反映了来自一线的真实声音。

本书适合各类企业的一线人员和培训人员，以及对丰田管理模式感兴趣的中高层管理者阅读。

◆ 著 ［日］早矢仕正克
译 郭 蓓
责任编辑 陈 宏
责任印制 彭志环

◆人民邮电出版社出版发行 北京市丰台区成寿寺路11号
邮编 100164 电子邮件 315@ptpress.com.cn
网址 https://www.ptpress.com.cn
涿州市京南印刷厂印刷

◆开本：880×1230 1/32
印张：7.75 2019年11月第1版
字数：140千字 2023年4月河北第3次印刷

著作权合同登记号 图字：01-2019-4356号

定 价：59.00元

读者服务热线：（010）81055656 印装质量热线：（010）81055316
反盗版热线：（010）81055315
广告经营许可证：京东市监广登字20170147号

前言

我在丰田从事培训的 20 年

我想通过这本书传达四个重要观念。

第一，强大的企业不仅要有先进的理念（经营者的思想与哲学），还要有能够实践该理念、以身作则、信念坚定的一线人才。

第二，只有在这些一线人才的带领下，坚实的一线力量才能孕育而生，企业才能形成培养一线力量的教育机制。

第三，卓越的管理者往往拥有超凡的人格魅力，并能吸引人才、留住人才。

第四，塑造员工的人格往往需要创造场景、花费时间并消耗精力（来自高层管理者、上司、同事们的照顾与关心）。

前言

一直以来，拥有强大的一线力量都是日本企业公认的优势。然而，近年来，日本企业的这一优势却遭受了严重的冲击。无论是大型企业还是中小型企业，一线力量都处于岌岌可危的状态。

我时常听到一些企业的高层管理者哀叹：“只懂得听从上级指示的员工越来越多了。”“身为中坚力量的员工也同样缺乏挑战精神。”此外，在我参与过的企业培训中，提出“培养员工独立思考与自主行动的能力”这类要求的企业经营者和培训负责人也日益增多。每当听到这样的声音，我虽然会感慨一线人才确实很难培养，但无法苟同这样的负面观点，因为有些企业确实能够培养出优秀的一线人才。

丰田汽车公司（以下简称“丰田”）就是其中的代表企业之一。

自 1997 年起，我开始从事丰田一线人才的培育工作。相关的情况我会在正文中详细阐述。我通过近 20 年的工作经历，亲身感受到了丰田的强大之处。

丰田的强大之处究竟是什么呢？一言以蔽之，丰田拥有能够引导员工充分发挥自身潜能的卓越管理者和健全的人才培养机制。

人才培养机制具体是指什么呢？概括来说，就是将在岗培训（On the Job Training，OJT）作为人才培养的基础，同时设置集体培训、QC 小组或品管圈（Quality Control Circle，QCC）、社团活动等多种多样的环节。而我负责的培训课程也属于其中的一环。

为什么丰田会选中我

像丰田这样的跨国大企业，为什么会偏偏选择我这种自立门户的培训（咨询）师对其员工进行培训呢？相信部分读者一定会产生这样的疑问。

我参与丰田的培训项目，是因为一通电话。那是 1996 年的某一天，我突然接到了来自丰田生产技术管理部的电话。在此之前，我从未与丰田这家企业打过交道，因此我很纳闷他们为什么会联系我。电话另一头是一名年轻女子的声音："我们想请您来做培训讲师……"

"为什么是我呢？"我问道。

听到我的困惑后，对方解释道："我们拜读了您在《中部经济报》上的连载文章《面向 21 世纪的人才培训》……"

1993 年，我在 30 岁少不更事之时，确实以此为题在报纸上写过20篇连载文章。此后，我又以“续·面向21世纪的人才培训”为题续写了20篇连载文章。他们似乎是无意间看到了我的那些连载文章。

“您所写的内容与我们办公室的A主任（曾在丰田培训部任职）平时所说的观点如出一辙。”电话那头补充道。也就是说，在人才培养方面，我与丰田的经营者不谋而合。

其中最大的共同点，就是对人格魅力的认知。

知识和技能固然非常重要，但在谈论这些之前，我们先要明白，到底需要什么样的人来运用这些知识和技能。因此，塑造人格尤为重要。我们可以拿驾驶汽车打比方，无论汽车配置、驾驶技术（知识和技能）如何卓越，驾驶员本身（人格）才是关键所在。

丰田自成立以来，就以“造物即育人”的理念培养人才，其人才培养体系完善而健全。但这种以塑造人格魅力为根基的人才培养模式仍面临着不少质疑之声。在丰田总部担任工厂培训负责人的I先生曾坦言：“大多数员工都只是被动地参与了公司的内部培训，培训并没有产生令人满意的效果。”

在这样的大背景下，我与丰田结下了不解之缘。20年来，我以自成一派的教学方式，着重培养企业员工的领导力。

为什么我的培训课程能够在丰田持续推行

在我的领导力培训课程中，掌握知识和技能并不是目的。虽然我做的是针对丰田员工的内部培训，但我讲授的内容并非都是关于丰田具体生产模式的内容。

我讲授的内容究竟是什么呢？答案是，作为管理者应尽的义务，每日言谈举止的重要性，以及领导力的本质。当然，我讲授的内容并不是那些形而上的一般理论，我会先抛出问题，再引导员工独立思考以下两个问题。

- **如果你需要召集更多成员支持你，那么你具体应该做些什么？**
- **你认为自身面临的最大挑战是什么？**

深受同伴信赖的卓越管理者，无一例外都是品行端正之人，他们都拥有充分打磨后闪闪发光的人格魅力。相反，那些只想着维持自身领导光环的管理者，往往无法将优秀的人才凝聚起来。

然而，职场中却鲜有能够锻炼内在能力的机会，这或许是因为指导他人培养人格魅力或内在能力难免会带有一些主观色彩。因此，一旦涉及此方面，培训师常常会举棋不定、进退两难。

只属于中小型企业的绝佳机会

从丰田这样的大型企业到各类中小型企业，迄今为止，我一共给超过 700 家企业做过培训，指导过 2 万名以上的员工。

每当我拿丰田的人才培养举例，总能听到一些很相似的艳羡之辞，如“只有丰田才能实现这样的人才培养模式”“只有大公司才会重视员工的此类培训”，等等。

然而，这正是误解所在。正因为丰田自成立以来从未轻视过人才培养和员工培训，所以它才能成为屹立于世界之林的一流企业。

换个角度来说，如此庞大的丰田都能实现的人才培养模式，难道一家小巧灵活的中小型企业反而无法落实？其实，企业需要做的只有一点，那就是相信员工，并最大限度地释放隐藏在员工身上的那股隐形的力量。

无论规模大小，所有企业都能创造出强有力的企业文化。这正是我写这本书的目的所在。

本书将围绕以下内容展开论述。

第一章将带你探寻丰田能够一直保持坚实的一线力量的秘诀。

第二章将在第一章的基础上，进一步阐释人才培养的真谛，另外也会介绍我的培训课程被丰田采用的原因。

第三章将介绍我的培训课程的具体内容，对于如何培养一线人才这个问题，相信你一定会从本章的内容中得到启发。此外，我还会对一般企业培训中最容易被忽略的“死角”问题进行说明。

为了最大限度地发挥培训的作用，企业经营者和培训负责人需要注意哪些事项呢？我将在第四章回答这个问题。

第五章记录了来自工作现场的声音，这些各有特点的中小型企业都曾引入过我的培训课程。相信阅读本章之后你一定会明白，无论企业规模大小，只要肯付诸实践，就能马到成功。

事不宜迟，让我们进入正题吧。

目录

第一章 丰田的育人之道

第二章 什么样的培训才能造就卓越的一线人才

第三章 丰田长期推崇的 DMP 培训

第四章 真正的教育始于培训结束之时

第五章 现身说法：我的公司是这样改变的

第一章

丰田的育人之道

我在丰田拥有多年培养一线人才的工作经验，形成了很多不同的观点。在如何培养人才这一问题上，我的理念与丰田的理念有很多相通之处。

丰田的工作现场到底发生了什么呢？本章将从人才培养的角度进行论述。

1. 打动一线员工的两位老部长

尘土飞扬的生产现场

有一件事让我认识到了丰田强大的秘诀。那是十几年前的某一天，那一天的每一个场景我都历历在目。

那一天，我结束了培训工作后乘坐新干线离开。放松之余，我随手拿出一本小册子开始阅读，紧张的情绪也逐渐缓解。然而，在一页一页翻这本小册子的过程中，我的心却再也无法平静下来。最后，我不禁泪如雨下。我随手拿的这本小册子是一本感想集。丰田为员工的家人们举办了一场别开生面的工厂参观活动，这本小册子正是活动后各方发来的感想文章的合集。

“爸爸的工作服总是又黑又脏，时不时还会有烧痕。今天来工厂参观后，我终于明白了其中的原因……（中间略）爸爸平时工作那么忙，还会抽空陪我练习足球，我却从来没有对他表达过任何感谢。从今往后，我每天都要对辛苦工作的爸爸说一声‘爸爸，谢谢您，您辛苦了’……（后文略）”

——S君，11岁

“结婚36年，这是我第一次参观丈夫的工作场所。我第一次真真正正地感受到他工作的不易，我心中充满了感动……（中间略）此前，我对他的工作环境印象一直不太好，觉得工厂里的工作环境一定很脏且酷热难耐。但是，实际参观后我发现并不是这样，地板干净得一尘不染。参观当天，作为介绍人，他手握话筒为我们一一解释工作内容，身影高大而又让人觉得可靠。听他介绍，之所以能够维持这样整洁的工作环境，是因为大家花了不少心思，但这也为大家营造了健康且安全的工作环境，工作也比以前更容易上手了……（后文略）”

——M女士，56岁

在这本感想集里有许多感人肺腑的话语，有妻子对丈夫辛苦工作的理解与支持，也有女儿对克服重重困难、努力前行的父亲的伟岸身影的敬仰之情。看着这本小册子中那些炽热的话语，我不禁遐想着两位部长（A 先生和 B 先生）及其下属们在每天的工作中所发生的热血鲜活的故事。

这些感人故事发生的舞台，正是丰田的一家工厂。这家工厂以制造发动机体和铝制产品为主，是丰田最重要的工厂之一。

在工厂进行生产的过程中，包括在最高温度可达 1500 摄氏度的熔炉车间熔铁冶炼时，只要稍有闪失就会造成重大安全事故，工作环境十分危险。另外，融化的铁和砂石在生产过程中会被灌注在模具里，在此过程中会产生大量的粉尘。虽然工厂设有集尘设备，但无法保证粉尘百分之百地被吸除，仍然会有少部分粉尘飞舞在空中。

一般来说，出于保护员工健康的考虑，工厂有义务为在一线生产车间工作的员工提供防尘口罩并采取其他的防护措施。但是，比起预防，更重要的是粉尘的清洁工作。这些工作往往与设备故障和维护息息相关，稍有不慎就会引发安全和卫生方面的风险。

管理者的坚定决心让一线生产车间环境发生了改变

作为负责工厂运营工作的领导，A 先生被调到某车间担任工务部长。

其实，A 部长并不精通一线工作的所有细节。A 部长刚上任不久，便去向前任的 B 部长取经，了解一线的真实情况。B 部长对他说：

“工务部长的任期通常只有 2~3 年，之后就会被调到其他部门。员工们都认为我们只是一个临时管理者，在这里走个过场而已，不会听我们这种部长的指令……”

“大多数新上任的部长，总是想在短期内取得肉眼可见的成果，所以总会不自觉地四处指指点点，这给手下的员工带来很大的工作压力。其实，他们根本不了解一线的真实情况。”

A 部长从 B 部长的话语中深深地感受到了工作在一线的员工对管理者强烈的不信任感。最后，B 部长语重心长地对 A 部长说：**“工务部长的指令重如千斤，所以布置任务的时候一定要慎之又慎。”**

A部长一直以来都有一个心愿，那就是尽己所能让员工们能够舒适、快乐地在一线工作。经过与B部长的一席长谈，他更加坚定了自己的想法。出于健康和卫生方面的考虑，工厂有义务为员工提供防尘口罩。但是，工厂真正要做的远远不止这些，工厂还要为工作在一线的员工营造一个更加干净、整洁的工作环境。

在两位部长与全体员工的共同努力下，一线生产车间的工作环境得到了极大的改善，即使一线员工们不戴口罩，也可以安全、健康地进行作业。

其实，对一线员工而言，戴口罩工作有诸多不便之处。特别是在夏天，让人汗流浃背的工作环境再加上捂住口鼻的口罩，会让他们的心情十分不快。所以，对一线员工来说，工作时可以不用戴口罩无疑是一个令人高兴的好消息。

另外，工作环境的改善对一线生产车间的安全、品质、成本这三个方面都有好处。

A部长是以各个一线生产车间的QC小组为单位开展生产车间环境改善项目的筹划工作的。这是因为，一线车间的问题只有一线员工最清楚。A部长相信，只要为员工创造条件，大家一定能够集思广益，找到最佳方案，改善现状。

与此同时，A 部长还有一点私心，他希望利用这个机会培养人才，让员工在不断创新与改善的过程中体会到前所未有的成就感。

他还在部门内部成立了专门的技术小组，共有约 10 名成员负责此次改善过程中可能出现的所有技术难题。

生产车间环境改善项目从清洁工作开始。所有的一线员工都被要求自行决定自己负责的日期和时间段，他们要轮流打扫机器设备上的粉尘和油污，以及四处散落的尘土砂石。

A 部长也参与了此次清洁工作，与一线员工们一起流汗、一起劳作。

“你知道吗？部长不顾形象，和我们一起装沙子呢，弄得灰头土脸的！”

“干完活儿他还和我们一起泡澡了呢！”

A 部长亲历亲为的种种行为在一线生产车间广为流传。

“这次调来的部长真好，总是为我们着想。”

生产车间环境改造项目虽然经历了种种曲折，但在 A 部长和 B 部长强有力的领导下，大家一步一个脚印，稳步落实。

经过3年的努力，95%的生产车间都实现了最初的目标，营造了良好的工作环境。

另外，为了开展生产车间环境改善项目所投入的所有成本，仅仅用了大约3年的时间就全部收回了。

因感动而成长

生产车间环境改善项目不仅改善了卫生与安全环境，还削减了电费、维修费等多项费用，大大提高了工厂的生产效率。其实，该项目所带来的影响远远不止这些。

有一次，副社长来工厂视察情况，随行的A部长对他说了这样一番话：“不瞒您说，生产车间环境改善项目多次碰壁，我们想过放弃。最终，多亏了小C提出的想法，我们才能最终完成这个项目。”

“是吗？那还真是要感谢他不言弃、不放弃的精神啊！这一点值得鼓励！”

副社长的这句称赞，对身为一线管理者的小C来说是不可取代的至高荣誉。后来，小C在参加我的培训课程时，红着眼眶、流着泪对我说了他内心最真实的想法：“自从高中毕业后进入丰田工作，我从来没有想过会有这样一天，副社长居然亲自鼓励我，握着我的手对我说感谢！”

可想而知，有多少员工都曾经被这样的话语温暖，为这样的鼓励而感动。他们随之而涌现出的工作热情一定会无比高涨。

此外，A 部长在 B 部长的启发下，举办过一场参观活动，并邀请所有员工的家属和老员工列席。

举办这样的活动，并非仅仅为了向外界宣传改善项目的成果，也是为了更好地延续这份感动，进一步提升所有员工的工作热情和动力。

“变化真的不小啊，你们真厉害！”

“希望你们今后依然能够保持这样的状态。”

老员工的声声鼓励激励着每一位员工的同时，也为他们增添了信心。

参观活动开始之前，A 部长和 B 部长在致辞时说：“生产车间环境改善项目的成功，是每一位为人夫、为人父的员工们不懈努力的结果！”“相信通过今天的参观活动，你们可以亲眼见证他们的努力与艰辛。晚饭时，请千万不要忘记对他们说一声‘辛苦了’。”

前面提到的一篇篇令人感动的文章，正是在此次参观活动结束后收到的。

身为局外人的我在阅读这些文章之后都会深受感动，可想而知，当事人又会是多么深受鼓舞。相信他们不仅能够感受到来自家人的关心，还会对自己的工作充满骄傲与自豪。

我相信，两位部长是在充分了解员工的心理之后才举办这场参观活动的，他们能够体察人心和人情。

A 部长之前曾在培训部门（后来由于组织调整而废止）工作，该部门是丰田培养人才的主要机构，他本人也是一位育人专家。

他的事迹为我们培养人才提供了很好的经验与借鉴。

“只有了解实际情况，深入生产一线，员工才会为之所动。”

“要想提高员工工作的主动性和积极性，就要让他们在工作中获得成就感。”

“每一位员工在工作中都能拥有成就感，才会造就组织的强盛。”

真实的故事往往能给我们带来宝贵的经验。如果用一句话概括，那么我会用下面的这句话来做总结：

从一线实践活动中收获的感动，才是促进员工成长、推进组织变革的根本动力。

这与我的人才培养观念不谋而合。

2. 一线管理者育人有道

丰田工厂为何有意识地重新引入人工生产线

每次培训开始之前，我都会去一线生产车间参观，这对我来说是一项不可或缺的准备工作。只有亲临现场，亲自感受空气中汗水的味道，我才能真正了解参加培训的员工，才能真真正正地站在他们的角度讲好我的课程。另外，在丰田开展培训的经历让我有幸参观了很多工厂，这些宝贵经验令我收获颇丰。

几年前，我参观了丰田总部的工厂。当时，带我参观的是入本课长，他的举止做派完全是一副一线首领的样子，风度翩翩又不失威严。参观过程中的一个惊人发现，让我不禁停住了脚步：在自动化程度极高的工厂里，好几台大型设备在不停地运转，但其中竟然有一条人工生产线！

丰田工厂的生产技术十分先进，甚至可以说在业内傲视群雄。为何这里会留下这样一条原始的人工生产线呢？相信很多人看到此景之后都会产生这样的疑问。好不容易实现了生产自动化，实现了高效且低成本的流水线生产，为什么还要保留这种原始的、可能会影响产品品质的人工生产线呢？

让生产制造的部分环节回归人工作业这一原始状态，其实能够降低产品的不合格率，减少不必要的浪费。

总部工厂正是落实了这一理念，通过将车身框架的焊接工作交给人工完成，从而节约了两成以上的材料成本。机器焊接无法保证百分之百精准，有时会让框架边角处留有孔隙。相较而言，人工作业可以在第一时间消除这些缺陷可能带来的风险。

此外，人工生产线的回归也大大节省了空间，曲柄轴生产线从原来的 1500 米缩短至 60 米，生产器械所占用的空间也缩减至原先的 1/10。

员工的技术能力提高了，工厂的生产效率也会提高，但这种改变所带来的好处并非只有这一点。丰田在全日本共有 12 家工厂推行了这种重新引入人工生产线的措施，负责这项工作的是工程师总监河合满先生（现任丰田副社长），他在接受媒体采访时曾经这样说：

“不能让人被机器所替代，而要让机器真正地为人所用。”（彭博社，2014 年 4 月 7 日）

“人工作业锻炼了我们的技术和第六感，所有作业流程都深深地印刻在我们的脑海中。按下机器的开关键后，机器就会自动生产产品，可是一旦出现不合格品，我们却很难知晓究竟是哪个生产环节出现了问题。之所以主动选择部分人工化，放弃全面自动化，正是为了培养那些真正懂得生产原理的年轻人。”（产经新闻，2015 年 4 月 4 日）

也就是说，这一改变也与人才培养息息相关。河合满先生毕业于丰田工业学园高中部，18 岁正式入职丰田。他在总部工厂的铸造部开始了自己的职业生涯，此后一直坚守在生产一线。他于 2008 年担任总部工厂的副厂长，2013 年担任技术总监，2015 年担任董事，2017 年担任执行董事、副社长。他是丰田历史上第一位技术出身的副社长，也是在一线生产车间经过多年历练的过来人，这些经历使他的那番话更加掷地有声。

不可否认，技术的革新促进了工厂自动化的稳步推进，员工只需判断设备是否正常运转即可。员工不用再不断地转换自己的角色，而仅仅作为设备的守护者，默默守在一旁即可。

这样的转变，让员工不再去主动发现问题、解决问题，从而削弱了一线力量。河合满先生最忌惮这一点。

自动化生产确实减轻了员工的劳动负担，但这样的改变能够让员工感受到自己工作的意义和价值吗？

我认为，有意识地保留人工生产线，或多或少也能增强员工的工作动力。员工的技术得到肯定的同时，一线生产也在向好的方向转变，这无疑会大大增强工作所带来的成就感。

丰田将巴西工厂的一套最早的原始生产线运到总部工厂，专门用来锻炼新员工。之所以这样做，是因为这种原始的生产体验能够充分打磨员工的基本技能。

带我参观这条人工生产线的是一位年轻领班。向我介绍时，他神情飞扬，十分自豪。同行的还有课长入本先生，他看着年轻的员工们，神态平和而又满足。

丰田的这套生产方式早已弘扬四海，被很多企业所效仿。该模式之所以能够延续到今天并不断进化，是因为它能够重新站在制造这一原点之上，并不断改善制造工序，降低产品不合格率，提高设备的工作效率。在这一点上，丰田从未停止过探索的脚步。

不断的改善和改造最终孕育出了生产革新。作为混合动力汽车先锋车型的普锐斯就是最好的例子，它的诞生凝结了丰田无数匠人们的辛劳与智慧。

工厂一角的生产道场

这件事发生在大约10年前。

下山工厂主要制造发动机和涡轮增压器，拥有1700多名员工（不包含临时工及派遣工），工作环境如家庭一般宁静、祥和。

工厂内有一处名为“生产道场”的地方，这是一间采用预制板结构的小屋，面积不大，只有30多平方米。室内挂有一副毛笔书法牌匾，十分别致。在这间屋子里工作的几位员工都是具有匠人精神且性情执拗的长者，他们能力强、资历深。对年轻的员工来说，他们是德高望重的前辈。

生产道场为匠人技艺的传承提供了交流的平台。在一线工作的年轻员工有任何问题，都可以随时去生产道场向这些前辈请教。

开设生产道场的历史背景，与“团块世代”[①]的大批员工的连年退休有关。自2007年起，随着迈入60岁的老员工们相继退休，一线员工的技术水平也相应地有所退化。

生产道场的开设不仅对技艺的传承与延续产生了重要的影响，还产生了其他作用。

首先，生产道场开设在生产线旁边，年轻员工在工作中遇到任何困难都可以及时向前辈寻求帮助。也就是说，生产道场能够使学习场所与OJT完美地结合起来。

其次，通过这种方式得到传承的不仅有知识和技巧，还有价值观（即生产理念或看待事物的方式）。价值观才是支撑丰田生产方式的关键所在。建立这种类似于师徒制的体制以及营造能让新老员工促膝长谈的工作环境，能更好地让价值观这种看不见的东西传承下去。

虽然很多企业都推行了丰田生产方式，但不少企业取得的效果很不理想。这是因为他们虽然学习了丰田生产方式，但并

① 团块世代：专指日本在1947年—1949年之间出生的一代人，是日本在第二次世界大战后出现的第一次婴儿潮。在日本，团块世代被视为20世纪60年代中期推动经济腾飞的主力军，也是日本经济的脊梁。

未学习其本质，即生产制造的理念，也没有将该理念通过教育的方式融入每一位员工的血液之中。其实，知识和技术只是皮毛而已，总有过时的一天，只有形成自主改善革新并不断进化的能力，才能真正学会丰田生产方式。

一位培训负责人曾简单地计算过，每一位“团块世代”的资深员工的价值约等于 1 亿日元。他们通过自身丰富的经验与职业精神，让下一辈切实地感受到了主动发现并解决问题的意义与喜悦。

这不正是 OJT 的真正价值吗？

“白菜田”里的不合格品

第一次听到“白菜田”这个名词时，我忍不住笑出了声，这个名字真是有趣。如果换一种叫法，称之为“不合格品收集站”，那么它给人的印象大概会发生很大的变化吧。

在明知工厂的设备管理部门就有这样一个专门收集生产出的不合格品的陈列处，大家称之为“白菜田”。在这个专门划定的区域内，整齐地摆放着一件件椭圆形的发动机零部件。这样的景象确实会让人不禁联想到白菜田。这真是一个充满幽默感的比喻！

在这个有趣的命名背后，其实蕴含着非常深刻的用意。生产线切割研磨的金属加工表层有时会凹凸不平，这样的零部件是残次品，无法用于组装生产。

“你看这里凹凸不平，是不是你那个环节出现了问题呀？”

“不排除这种可能性，不过话说回来，你不是负责检修的吗？有没有好好检查清楚呀？”

每当出现问题的时候，生产线各个环节的所有工作人员都会聚集在“白菜田”前讨论问题。大家一起排查各个生产环节，查找原因，并解决问题。

在“白菜田”的机制下，大家会一起探寻产生不合格品的源头在哪里、责任究竟归谁，但不会发生争执。这是为什么呢？

因为每一位员工心里都明白，原因不在个人，而在机制。所以，不能怪罪于个人，而应探讨机制本身。

这个道理作为“丰田用语”，在丰田内部无人不知、无人不晓，所有员工都达成了共识。每一位新员工，在刚进公司的时候就被灌输了这种观念。

发现问题时要聚焦于机制，这才是从根本上解决问题的方法。某生产线生产出了不合格品，如果查找原因时把重点放在个人身上，就会造成人心惶惶的局面，最终也无法找到问题的根本原因。

相反，如果聚焦于流程（机制）本身，就能促进众人齐心协力，一起在众多线索中找出关键线索，进而找到解决问题的方法。

不过，发现问题也只是前进的第一步，我们真正要做的并非简单地改变发生问题的生产环节，而是以标准化改善为最终目标，也就是让所有人都能明白原因所在。如果一味地将责任归结于个人，就永远无法实现标准化改善。

流程实现标准化才算是真正地解决了问题，这也是“白菜田”里人人都明白的道理。

这样做还有一个好处，那就是能够实现可视化，从而让问题得以量化。每个人都能够亲眼看到生产环节出现的不合格品，亲自感受产生了多少浪费。正所谓“百闻不如一见”，这种直观的展示方式能通过视觉对员工产生强烈的冲击，加深他们的记忆。

可视化是丰田文化的重要组成部分，丰田的一线生产车间处处都在实践着可视化。

例如，工厂内用于避难的所有安全通道都有醒目的指示线，逃生路线也被清清楚楚地标示出来。此外，生产线上每一位员工的站位，都有脚掌形状的地面标志明确指示。摆放扳手等工具的地方也有明显的图标清晰指示。

工厂卫生间的入口处，也有拖鞋形状的地面标志。只要看到它，员工们就会把拖鞋摆放整齐。

“白菜田”这种做法看似新奇，实则蕴含着深刻的道理。只有通过这样的方式不断教育、培养员工，才能保持组织持久而又鲜活的生命力。

3. 育人的根本在于打磨人格魅力

社会人和企业人应有的姿态

2016 年 7 月 26 日，棒球城市对抗赛决赛在东京巨蛋举行。丰田（丰田市）在对阵日立制作所的决赛中，以 4∶0 的比分胜出。

丰田的职业棒球队实力强劲，但在城市对抗赛中总是与冠军擦身而过。这次是丰田棒球队第 18 次出战，他们终于圆了一直以来的冠军梦，其中的喜悦与兴奋自然不必多言。取得胜利的那一刹那，坐满看台的丰田员工和球队的球迷们爆发出雷鸣般的欢呼声。

丰田的体育事业举世闻名。以棒球队为首，丰田的橄榄球、女子垒球、田径长跑、篮球等队伍都曾在日本的全国大赛中取得过出色的成绩。

但我想分享的并不是丰田的体育事业发展之道，真正吸引我的是这场棒球城市对抗赛结束后采访运动员时发生的一幕。

“谢谢大家能够抽出宝贵时间来为我们加油，真的谢谢你们！在大家最棒的欢呼声中荣获冠军，我感到非常荣幸！”队内的主力佐竹供年先生（时年32岁）在接受采访时，流着激动的泪水说出了这番肺腑之言。

“非常感谢一直以来支持我们球队的丰田社长与各位员工，还有丰田市的大家。”佐竹供年先生通过话筒传递出来的这份真诚，激起了在场所有人雷鸣般的掌声。这番话不仅体现了一位运动员的赤诚，更彰显了丰田人的风采。

实况解说员也感慨颇深地评价道：“真是一番富有社会责任感的采访感言，久违了，久违了。”

身穿球队制服的丰田社长丰田章男先生被球员欢呼着举起，他高兴地说：“真是令人感动，大家早已融为一体！”随后，他饱含笑容地补充道：“我想对所有人郑重地说一声‘谢

谢你们’‘恭喜你们’。后援团的所有成员都是今年社长奖当之无愧的有力候选人。”

经营理念彰显育人之道

比赛当天，大批丰田员工从全国各地专程赶来为球队加油助威。这股团结的力量，让我感受到了所有丰田人从心底里热爱公司的精神。

知名度高、工资高、福利多，在物质回报层面，丰田无疑是一家充满魅力的公司。同时，丰田优秀的企业理念也奠定了员工热爱公司的基础。丰田章男社长总结的《我们要做好的精神准备》（见图1-1）中的最后1项的内容中，明确地写着“爱司精神”这样的文字。

很多企业在构建自身理念时都会堆砌华丽的辞藻，并美其名曰发展方针、社训。实际上，这些东西在无形之中给员工带来了巨大的压力。

丰田在这一点上大为不同，每一个理念都有核心的支撑，这能确保丰田实现稳步发展。丰田在创始人丰田佐吉先生逝世五周年之际制定了《丰田纲领》，此后在此基础上相继修订的《丰田的经营理念》《Toyota Way》及《我们要做好的精神准

	要留意做好的地方（节选）	需要时刻提防之处（节选）
客户第一	作为管理者，必须时时刻刻站在客户和服务终端的立场上进行思考，感觉有问题时要马上提醒下属，有则改之，无则加勉	你是否将取得领导的信任作为自己工作的唯一目的
挑战	管理者要鼓励下属多挑战，失败了也不要责备下属，要鼓励下属勤学好问	抱怨工作难度大或者没有这样的先例，你是否在为自己的不努力、不上进找借口
改善	下属出问题时，管理者不能只是一味地责备，而要努力探求真相，防微杜渐	你是否将改善与漫无目的的改变混为一谈
现地现物	作为管理者，应该时常去一线生产现场进行视察，以身作则	两句话就能解决的事情，你是否通过没完没了、来来回回的邮件将其复杂化
稳重务实	切勿挑三拣四或偷工减料，坚持到最后一秒，不要放弃	为了把内部的报告资料做得精美，你是否花费了太多精力
团队协作	尽早与同伴分享信息和观点，耐心取得共识	“只有我一人努力也没用”，在这样想之前，你是否在很早以前就已经决定放弃
当事人意识	如果管理者认为自己的下属做出了正确的选择，那么即使冒着与其他部门或关联方起冲突的风险也要维护下属	你是否没有直抒胸臆，只是一味地听之任之
谦虚感谢之心	管理者不能过分沉醉于过去的经验和能力，要多多学习其他公司及部门的优点与长处	你是否因为对方的立场或头衔，戴着有色眼镜，选择性地听取对方的意见和建议
正直	作为管理者，不管多忙，都需要优先听坏消息	你是否选择性地回避了不利于自己的事实，或者花费大量时间和精力寻找有利于自己的材料

⬇

爱司精神	我们每一个人都能自然而然、由内而外地感受到在丰田工作的喜悦与自豪

图 1-1 《我们要做好的精神准备》部分内容

注：该图由作者根据丰田的《我们要做好的精神准备》制作而成。

备》都是丰田不断打磨自身核心理念的成果。正因为如此，丰田的核心理念才能历久弥新，永不褪色。

年轻的员工也许会觉得《丰田纲领》有些古板陈旧，但这些理念与精神从始至终都是丰田不可缺少的精神支柱，本书开头介绍的那家通过改善取得成功的工厂就是最好的例子。从2005年开始，每一位新入职的丰田员工都需要熟练背诵《丰田纲领》。

“造物即育人。”

极端一点说，其实这句话可以概括丰田的所有理念。已故的丰田原最高顾问丰田英二先生曾经这样说：“人才是经营企业的关键，企业的兴盛衰败取决于人才的质量。只有人才能造物。不培养人才，工作自然无法顺利开展。”

丰田英二先生是丰田的第五任社长。在他的带领下，丰田实现了从“日本丰田”到“世界丰田”的飞跃，他是推动丰田实现国际化发展的奠基人。

丰田名誉会长张富士夫先生曾说：“培养部下就是向培养过自己的管理者报恩。”

优秀的管理者都有一个共同之处，那就是惜才爱才。松下电器的创始人松下幸之助先生在创业初期曾对员工和相关人士说过这样的话：

“松下电器是一家育人的公司，它只是顺便制造电器产品而已。”

在丰田的企业理念中，让我最有共鸣的一点是他们对人格力量的重视。

人格力量很难定义，它既指能够影响他人、凝聚人心的人格魅力，也指所有人每天的人格体现（言行举止、态度等）。

例如，在丰田的《我们要做好的精神准备》中有一条内容是“谦虚感谢之心”。也许这一点与经营本身并没有太大的关系，但企业如果以尊重个体为本，希望每位员工都能展现出最真实的状态，那么在企业理念中融入人格元素便不奇怪了。

很多丰田高层管理者的谦虚姿态至今都令我瞠目结舌。例如，在送别参观完总部或工厂的访客们坐车离开时，他们会一直站在门口招手挥别，直至所有访客离开自己的视线。这些礼数在丰田稀松平常，早已成为惯例。

奥田硕先生在担任丰田会长及社长期间，最常说的几句话就是“丰田员工要谦虚”“坐新干线时不要盘腿”“与人擦肩而过的时候要主动让路"。大大小小的事情，他都会一一提醒员工注意。我相信，一定会有一些员工对奥田硕先生的做法不以为然。当时正值丰田在全球舞台上飞速发展的时期，业绩实现了飞跃式增长，人人羡慕。奥田硕先生之所以会如此不厌其烦提醒员工注意各种事情，就是为了让员工不要懈怠。

关于张富士夫会长，还有这样一个故事。

2003 年 12 月，在汽车维修技师能力认定考试中发生了部分笔试试题泄露的事件。经调查发现，一位担任考试专员的某丰田员工向合作经销商泄露了试题。这件事情发生后不久，我恰好去听了张富士大会长的演讲。他开场的致辞令人印象深刻，我通过他的话语感受到了他的人格魅力。

张富士夫会长在登台后，首先向台下观众深深地鞠了一躬，然后说："这次发生的事件让我深感自责，我没有资格站上这样的讲台。我多次婉拒了这场讲演，但听到很多观众怀着期待的心情买了票，这让我深感惭愧！"

听了他的这番话，我着实为他的人格魅力所深深吸引。

Toyota Way 2001

2001 年，丰田在实践《丰田基本理念》的基础上，向全世界的丰田员工发布了共同的价值观和理念，即《Toyota Way 2001》(见图 1-2)。

我们要做好的精神准备

丰田自 2010 年起开始提倡《我们要做好的精神准备》，它是以《丰田纲领》和《Toyota Way》为基础，并结合丰田的日常行为准则制作而成的。

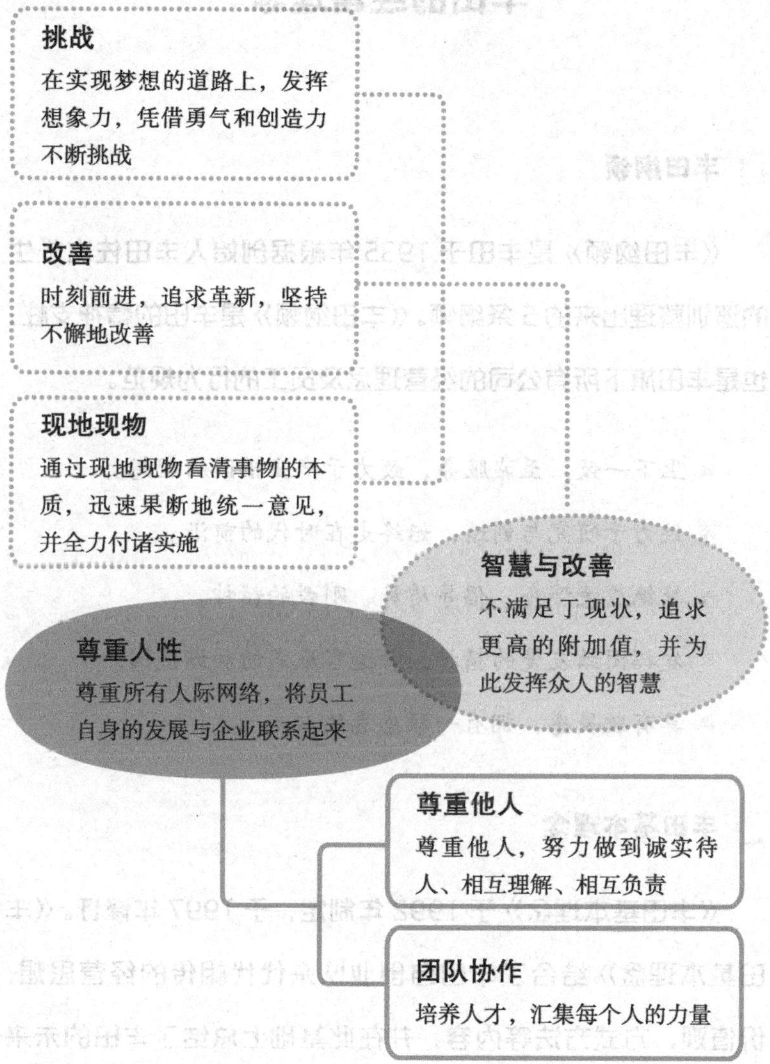

图 1-2 《Toyota Way 2001》的内容

丰田的经营理念

丰田纲领

《丰田纲领》是丰田于1935年根据创始人丰田佐吉先生的遗训整理出来的5条纲领。《丰田纲领》是丰田的精神支柱，也是丰田旗下所有公司的经营理念及员工的行为规范。

- 上下一致，至诚服务，致力于产业报国的理想。
- 致力于研究与创造，始终走在时代的前沿。
- 杜绝虚荣浮夸，倡导质朴、刚毅的精神。
- 发挥团结友爱的精神，营造家庭式的和谐氛围。
- 具有敬畏感，拥有一颗感恩的心

丰田基本理念

《丰田基本理念》于1992年制定，于1997年修订。《丰田基本理念》结合了丰田自创业以来代代相传的经营思想、价值观、方式方法等内容，并在此基础上总结了丰田的未来愿景。

（1）遵守国内外的法律法规，通过公开、公正的企业活动努力成为能被国际社会信赖的企业。

（2）遵守各国、各地区的文化和风俗习惯，通过扎根于当地社会的企业活动为当地经济建设和社会发展做贡献。

（3）以提供绿色、安全的产品为使命，通过各类企业活动为创造更美好、更舒适的生活环境和更富裕的社会而努力奋斗。

（4）在各个领域开发和研究最前沿的科学技术，为满足全世界顾客的需求提供充满魅力的产品和服务。

（5）以劳资相互信赖、共同承担责任为基础，打造能够最大限度发挥个人创造力和团队力量的企业文化。

（6）通过全球化的革新性经营努力实现企业与社会的协调发展。

（7）以开放性的业务往来为基础，致力于相互切磋与创新，实现长期稳定、共生、共存、共同发展。

是如虎添翼，而非如翼添虎

在当今时代，如果有人还将羞耻感、廉洁、荣誉心常常挂在嘴边，那么大家一定会对他避而远之。但是，育人就是培养人格力量。

请仔细回想一下江户时代的寺子屋私塾。在那里学到的并非仅仅是如何读、写、打算盘等技能，道德教育也是重要的一环。在幕府末期，涌现出了很多类似寺子屋的私塾，如吉田松阴先生开办的松下村塾，绪方洪庵先生开办的适塾，汉学者广濑淡窗先生开办的咸宜园等。这些私塾人才辈出，很多在明治维新时期展露才华的名人志士都出自这些私塾。

此外，日本企业之父涩泽荣一先生在其名著《论语和算盘》中论述了道德教育与西方技术这两者的重要性，丰田始终谨记这一点。有一个说法源于丰田知名的经销商 Netz Toyota 南国株式会社（总部位于高知县），其将人格力量比作“如虎添翼”中的“虎”，将知识与技巧比作“翼”，无论翅膀（知识与技巧）有多丰满，只要老虎（人格力量）瘦小无力，翅膀也没有用武之地（见图 1-3）。

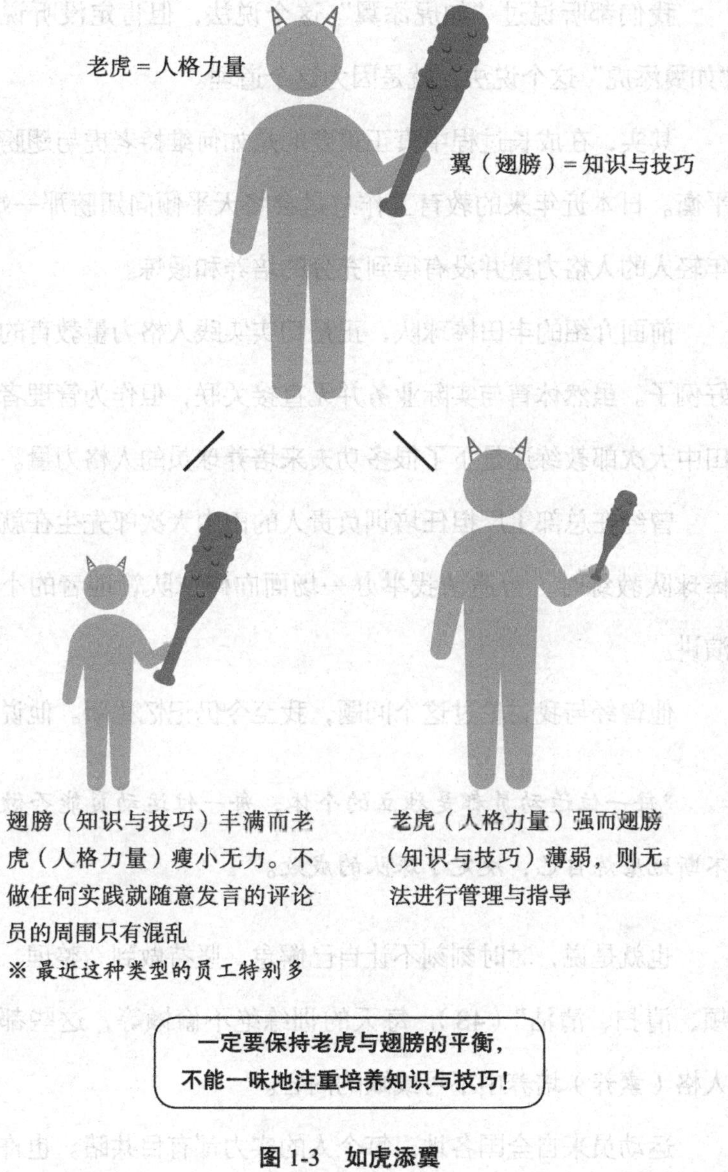
老虎＝人格力量
翼（翅膀）＝知识与技巧
翅膀（知识与技巧）丰满而老虎（人格力量）瘦小无力。不做任何实践就随意发言的评论员的周围只有混乱
※ 最近这种类型的员工特别多
老虎（人格力量）强而翅膀（知识与技巧）薄弱，则无法进行管理与指导
一定要保持老虎与翅膀的平衡，
不能一味地注重培养知识与技巧！

图 1-3　如虎添翼

我们都听说过“如虎添翼”这个说法，但肯定没听说过“如翼添虎”这个说法，就是因为这个道理。

其实，在成长过程中真正重要的是如何维持老虎与翅膀的平衡。日本近年来的教育工作总是会将天平倾向翅膀那一端，年轻人的人格力量并没有得到充分的培养和锻炼。

前面介绍的丰田棒球队，正是切实实践人格力量教育的最好例子。虽然体育与实际业务并无直接关联，但作为管理者的田中大次郎教练还是下了很多功夫来培养球员的人格力量。

曾经在总部工厂担任培训负责人的田中大次郎先生在就任棒球队教练时，曾邀请我举办一场面向棒球队管理者的小型演讲。

他曾经与我讨论过这个问题，我至今仍记忆犹新。他说：

“每一位运动员都是独立的个体，每一位运动员能否做到不断地磨炼自己，决定了球队的成败。”

也就是说，时时刻刻不让自己懈怠，坚持做到“整理、整顿、清扫、清洁”（4S），每天的训练绝不偷懒等，这些都是人格（素养）培养中不可或缺的内容。

运动员来自全国各地，每个人的实力都有目共睹。也许有人会认为，对于这样的一流选手，每天还要叮嘱琐碎的细节，如“穿戴整洁”“捡起操场上的石头”“日复一日地练习”，未免太过小题大做了。但另一方面，只有这样不断打磨和积累，才能强化运动员的自我认同感，并且将这份脚踏实地的自信反映在每一次击球、每一次挥棒之中。例如，决定胜败的击球手在被对方投手逼入困境的关键时刻，能否发挥出自己的真正实力会心一击，其实在很大程度上取决于是否相信自己的能力。

田中大次郎教练的指导方法是从源头磨炼运动员的人格力量和基本功。这就像为了收获丰盛的果实，我们会从土壤到根茎都进行细心培育，不放过一丝一毫。正是因为付出了这样的努力，丰田棒球队才最终取得了 2014 年社会棒球日本锦标赛的冠军。

另外，在现任教练原人辅先生的带领下，这支队伍逐渐走向强大，最终取得了 2016 年棒球城市对抗赛冠军、2017 年棒球城市对抗赛和社会棒球日本锦标赛参赛资格等丰硕成果。

一支强队的背后，必定存在着管理者的卓越理念与战略的传承，以上就是最好的例证。

第二章

什么样的培训才能造就卓越的一线人才

不少经营者总会感叹：“不管举办多少场培训，效果还是不能尽如人意。”

之所以会这样，是因为企业对培训的定位有误。

本章将介绍什么是培训中最重要的东西。

1. 通过体验式培训提升员工的成长速度

一切都从察觉开始

从新入职员工到骨干员工，乃至高层管理者，我的培训课程所涵盖的人群非常广，包括各个年龄层，但我并非讲授商务礼仪或工作方法的培训师。“培养自律、自立的企业人”是我的信条，为了将学员培养为管理型人才，我采用体验式培训这种培训模式。

关于培训的具体内容，后文将会逐一叙述。我所做的培训，形式上可能更接近于研讨会而不是讲座。在培训过程中，我也会介绍领导力的概念以及交流沟通的方式方法，但这些并不是重点，锻炼学员的自我思考能力、让他们在实践中学习才是重中之重。

具体的学习形式多种多样，如小组讨论、拟定题目撰写文章等。通过这些形式为学员创造学习的机会，增强每个人自主革新的能力，这才是最终的目的所在。丰田模式也采取了同样的做法。

在培训过程中，我最看重的一点是如何引导学员进行察觉。例如，在领导力培训中，对于“管理者应该具备什么样的素养”这一问题，我会不断地提问，如“从企业的发展方针层面考虑，领导人应该具备什么样的素质”“知道归知道，但还没有做到极致的工作是什么”“自己在成长与学习上遇到的问题以及采取的解决方案是什么”，让学员在自问自答中转变意识，这就是察觉的雏形。

“不能再这样下去了！”我们先要让学员深刻地察觉到这一点。

参加了培训并不意味着从培训结束那一天起你就已经改头换面、焕发新生了。培训的意义在于它能够提供给我们一个改变自我的机会和线索。每一位参加了培训的学员，或多或少都会在心中默默下决心，希望自己有所改变。

大多数企业都倾向于举办高人气的培训项目，以求跟上潮流，或紧跟行业的发展趋势。不少高层管理者也会有这样的想法：只有让员工学习新技巧和新技术，才能达到教育培训的目的。

但是，坦白地说，大多数知识和技巧，只要学员自身有强烈的欲望去学习，就可以通过教材、网络课程或电子课程等多种形式进行自学。请职场前辈指点学习技巧的学员也不在少数。

之所以进行集体培训，是因为有些事情只有将员工聚集在一起才能做、才方便做，例如：

（1）反省自己的人格力量（人往往会在与他人交流的过程中客观地认识自己、察觉自己）；

（2）通过实践掌握应该具备的基本技能（很多时候，员工虽然能够理解内容，但在一线工作的实际操作中，各种习惯或突发状况会让他们的大脑一片空白）；

（3）学习同事、上司、前辈的经验以及人格；

（4）直接针对公司的理念、发展方针、社长的想法等进行

提问，通过与同事的交流互动增进彼此的了解。

我的课程往往以这些内容为重点，其目的是让每一位学员自发地改变自己看待和思考问题的方式、目标和行为、态度和习惯等。我的身份并不是讲师，而是一个为学员带去改变自我的契机的人。说得极端一点，这是一种不教授、不讲课，让学员自己察觉并下决心改变自己的培训模式。

如果把时间拉长，以长期的视角去看待人才培养，那么我们可以将所有的教育成本量化并做出一张图。

假设花费 3 年时间，以 OJT 的方式让员工学习一项技巧。如果将 OJT 与体验式培训相结合，改变员工的意识和行为习惯，让员工在 OJT 中做到融会贯通，那么只用 1 年时间就可以获得使用传统方式花 3 年时间才能获得的效果，减少了 2 年的培训时间（见图 2-1）。这样做大大提升了学员的成长速度，同时也能大幅度削减相应的教育成本。

通过亲身体验实现自我成长

之所以推崇体验式培训，是因为学员通过亲身体验能够发挥主观能动性，在自我察觉中逐渐成长。

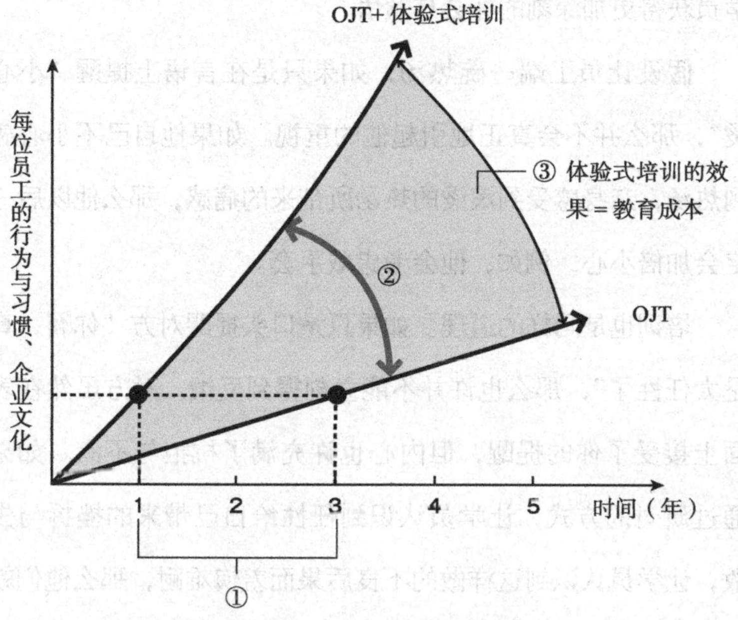

图 2-1　体验式培训的效果量化图

注：① 通过 3 年 OJT 学到的技巧，如果采用体验式培训，仅仅 1 年就可以完全掌握。

② 体验式培训能让员工更加积极主动地听从上级的指示与安排，在良性刺激中逐渐成长，改变自己，从而提升成长速度。

③ 体验式培训的成果并非一时的收获，它还与企业文化的改革以及业务改善息息相关。

在素质培养方面，照本宣科的教育方式无法激发学员的自主性与深层次的自我改变意识。只有通过体验式培训，才能让学员获得更加深刻的体会与领悟。

假设让员工端一碗热汤，如果只是在言语上提醒“小心烫”，那么并不会真正地引起他的重视。如果他自己不小心碰到热汤，亲身感受到滚烫的热汤所带来的痛感，那么他以后一定会加倍小心，例如，他会考虑戴手套。

培训也是同样的道理。如果只是口头提醒对方“你啊，真是太任性了”，那么也许并不能立刻得到反馈。对方虽然在表面上接受了你的提醒，但内心也许充满了抗拒与不满。如果通过研讨的方式，让学员认识到任性给自己带来的挫折与失败，让学员认识到这样做的不良后果而羞愧难耐，那么他们就会反省自己，实现自我成长。如果在小组讨论与学习中，学员得到了同事的反馈或者提醒，如“虚心一点，这样做应该会更好……”，那么他们也许会因此察觉，进而改变自己以往的行为和习惯。

教育的本质就是把握好传授知识与放任自由之间的平衡。如果传授过度，那么学员也许会因此而放弃自我学习和思考，从而变为被动的一方。因此，我认为好的教育模式必须能够锻炼学员自我思考、自我行动的能力，让他们在体验挫折和失败的过程中不断学习和成长。

总结多年来的经验，我认为，要想通过培训使自己得到提升和飞跃，最重要的是要有虚心的态度以及能够客观看待自己的内省力。一个人不管天资多么聪颖，只要缺乏客观看待自己、审视自己的能力，要想有所成长是十分困难的，知识与经验反而会成为他的绊脚石。因此，对每个人来说，虚心的态度十分重要。

我在每次培训开始之前，都会先提醒学员好好审视自己。我曾经收到很多学员的反馈，例如：

“长这么大，我还从来没有像今天这样好好地审视过自己。”

“我体会到了最近一段时间从来没有过的强烈的紧张情绪。”

此外，还有下面这样的反馈：

“一直以来，我戴着面具，把自我隐藏起来。从今天开始，我要将自己的弱点展现出来。”

“对现在的我而言，最重要的一件事情就是寻求改变。”

这些感言也许就是那些自律而又自立的职场人士与一线管理者不断成长的见证吧。

其实，大多数员工不会有太强烈的改变意识。公司的高层管理者则不同，他们时刻都能深切地感受到“若不变革，企业将止步不前，无法在业界立足”。因为有这样的思想差距，所以员工和高层管理者之间总是会有一定的认知差距。

其实，这个认知差距是可以消除的。俗话说“三岁看老”，除非受到巨大的触动，否则人的性格一般不会发生明显的改变。不过，每个人的行为、态度、价值观和观念是可以通过后天的训练而改变的。如果一个人能够进行自我审视、自我察觉并发挥自己的主观能动性，那么他进行自我改变的效果一定会更加明显。我的培训模式正是建立在这个基础之上的。

很多企业的经营者或培训负责人都认为“有了知识，行动自然会随之改变”，所以他们才会积极开展很多关于知识与技巧的培训项目。

禅语中有这样一个词“啐啄同机”，意思是小鸡快要孵出来的时候，母鸡和小鸡必须里应外合地弄破蛋壳，只有啐啄同机的那一瞬间，小鸡才能顺利地破壳而出。

将这个比喻引申到教育培训中，假设管理者是母鸡，那么员工就是还未出壳的小鸡。如果整个过程中只有管理者一方想要培养优秀人才，员工只是被动的接受者，并没有主动成长的意愿，那么最终的培训效果一定不会尽如人意。

反过来，如果员工干劲满满，而管理者抓不住人才培养的重点，不能给员工适当的激励与指导，那么员工成长的机会也会从指缝间溜走。

2. 人才培养的根本在于 OJT

着力培养一线人才

我在丰田所做的培训以培养在生产车间工作的一线人才为目标，我参与了其中的部分环节。

今天，丰田在日本大约有 8 万名员工，其中 4 万人都是在生产一线工作的技术人员。技术岗位从入职到成为工长，一共划分为 6 个阶段。一名技术人员从第 6 年开始将会作为升职候选人参与相关培训（见图 2-2）。

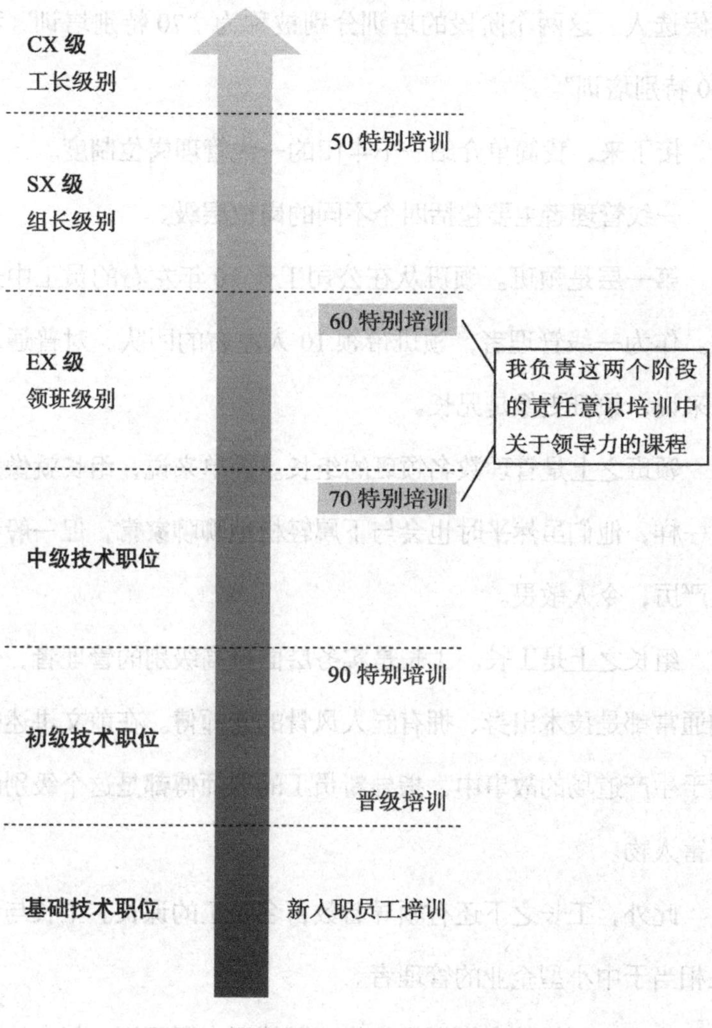

图 2-2　技术类岗位各个阶段的培训

我所参与的总部工厂培训面向的主要是领班候选人和组长候选人。这两个阶段的培训分别被称为“70特别培训”和“60特别培训”。

接下来，我简单介绍一下丰田的一线管理岗位制度。

一线管理者主要包括四个不同的岗位层级。

第一层是领班。领班从在公司工作10年左右的员工中选拔。作为一线管理者，领班带领10人左右的团队。对普通员工来说，领班更像是兄长。

领班之上是管理数名领班的组长。简单来说，组长就像父亲一样，他们虽然平时也会与下属轻松地聊聊家常，但一般都很严厉，令人敬畏。

组长之上是工长。工长是实务层面最高级别的管理者，他们通常都是技术出身、拥有匠人风骨的老师傅。在前文讲述的关于生产道场的故事中，指导新员工的老师傅都是这个级别的厉害人物。

此外，工长之下还有领导着数百名员工的课长。工长与课长相当于中小型企业的管理者。

此类培训虽然会根据具体的工厂情况有所区别，但在流程上都会从介绍公司的发展方针与经营环境开始，让大家再次温习作为一名丰田员工应该具备怎样的素质、健康安全教育、工作规章等内容，并在此基础上介绍作为一线管理者应该具备哪些能力。

具体的培训科目种类多样，如“标准化作业与改善”（丰田生产方式）、“工作指导方式”（丰田式的技术传授）、“活跃的职场环境”（丰田式的沟通交流）等。所有的课程都有一个共同的核心，那就是解决问题与责任意识。

在解决问题的培训环节，首先确定讨论的主题，然后用2~3张A3纸对主题进行分析和研究，从确定对策到标准化处理，都用A3纸来展示和模拟。这就是丰田闻名全世界的A3文化。

另一个核心是责任意识，也就是强化人格力量。这个部分同样也有很多课程。

当时，我主要负责的是责任意识这个部分中关于领导力的课程。对于如何培养领导力，我将在后文中一一阐述。在此之前，我们先根据丰田的实例来分析一下将OJT与培训相结合的重要性。

不要对培训放手不管

丰田将OJT作为培养人才的基本手段。大多数企业都会将教育培训制度与 OJT 结合，而丰田则充分发挥了 OJT 的优势，除了普通的讲授，还会让员工大量地实践，让员工在实践中不断成长。

“70 特别培训”和“60 特别培训”横跨半年时间，前后共需要 15 天左右（约 5 次）的时间。在培训期间，空缺的岗位必须由其他员工填补，这无疑会给一线工作带来巨大的负担。

在此背景下，丰田依然坚持这样的培训模式，足见其对人才培养的重视程度。不容忽视的一点是，丰田的培训模式能够发挥集体培训的优势，让知识和技巧的传授不再仅仅停留在书本上或者课堂中，而是与实际工作充分结合，让员工在实践中学习，在实践中掌握技巧。

因此，丰田的培训不会出现“课堂只是 PPT 课件的展示而已”“培训时只要做好主题讨论就行了”等情况。

以我负责的责任意识培训的课程模块为例，在每年 5 月举行的第一次培训学员见面会上首先会设定明确的行动目标。之后，每个月我都会向上级汇报一次进展情况，确认并请教应该采取什么样的行动与对策。

另外，每一次培训都会有专业咨询师（后文将会详细介绍）提供建议。不论采取哪种方式，除了现场的培训，还要将自己的方案拿到一线进行可行性论证，修改完成后才会启动下一次培训。

每年 10—11 月举行的最后一次培训以跟踪调查为主，我们会总结培训开始以来出现的各种状况，为今后在一线的实践工作注入动力与信心。为了让学员能够更好地将培训中察觉到的点滴持续应用在一线工作中，也为了将升级或改善后的实践方案真正落实，跟踪调查环节必不可少。

此外，在培训过程中，每一位学员还要在自己的上司在场时发表自己针对各种问题总结出来的方案。这对员工本人来说是一个回顾总结的好机会，与此同时，上司也能通过这样的形式参与今后的工作。在培训结束后，上司可以随时检查下属（学员）在日常工作中的每一步行动，随时跟进情况，并进行反馈与评价。

职场前辈担任师长角色

在丰田的日常工作中，培养员工的理念已经渗透到了方方面面，特别是在针对新入职员工的培训上，这一点体现得尤为明显。新入职员工经过集体培训后一般会被分配到相应的工厂实习，迎接他们的一般是 30 岁左右的生产一线管理者。每位管理者会接收 7~8 名新入职员工，引导他们熟悉环境，在生产一线实习。

另外，各阶段的培训还设有专业咨询师，他们都是比接受培训的员工职位更高的高层管理者，全都经过筛选，来这里担任培训课程的阶段性讲师。

如果是针对一般员工（领班候选人）的“70 特别培训”，那么一般会委任组长级别的管理者进行指导。如果是针对领班（组长候选人）的“60 特别培训”，那么一般会委任工长级别的管理者进行指导。参与培训的员工（未来的一线管理者）在这样的机制下能够接触到更多经验丰富的前辈，接受一线管理者的点拨，得到更具有实践性的指导。

很多企业都会将高层管理者的培训完全交由外部讲师或专家负责，但这些讲师往往缺乏实战经验，没有办法将培训课程与真正的一线工作很好地结合起来。为了避免这一缺陷，丰田通过邀请具有丰富经验的一线老员工开展内部培训的方式，增强了培训的效果。

“教与被教”是丰田重要的企业文化之一。以上所述的专业咨询师制度，正是在这样的环境中得以运用的。

此外，丰田内部还有老员工一对一带新员工的职场前辈制度。

“他是你的徒弟，一定要多多照顾他。”

在日常工作中，前辈对其所负责的后辈一定会事无巨细地耐心指导。新人在这样的制度下磨炼自己的业务能力，增强与他人进行交流与合作的能力。

专业咨询师制度也好，职场前辈制度也罢，新人都能够通过“教与被教”提升自己的工作能力。换一个角度来说，正是因为有了这种缜密的培训机制，丰田才能不断培养出一批批优秀的一线人才。

“创造另一个自己”是丰田在人才培养中经常提到的观点。“能培养出优秀下属的管理者才是合格的管理者”，这种意识在丰田早已根深蒂固。参加完我的培训课程后，很多人都会在他们的演讲和报告中频繁提到“人才培养”一词。也就是说，人才培养在丰田已经成为日常工作中不可缺少的一项重要任务，早已深深扎根在员工的心中。

丰田为什么能够一直保持强大的一线力量？答案正在于此。

3. 培养一线管理者的领导力

管理者的行为与态度至关重要

人才培养的基础在于 OJT，这是丰田育人的基础，也是我的观点，所以 OJT 在我的培训理念中是不可缺少的重要前提。

如前文所述，我在丰田做培训时主要负责责任意识这个部分中关于领导力的课程。其实，除了丰田，我也在多家企业教授关于领导力的课程，培养学员影响他人的能力。

也许很多人对如何增强自己对他人的影响力没有什么具体的概念。一般的领导力培训可能会更多地强调如何管理下属，更多地传授关于管理的方法论。有的培训讲座甚至会非常细致地讲授表扬和批评下属的方法与技巧。

掌握这些技巧也不是没有好处，但在此之前还有一个更加重要的任务，那就是对管理者领导力本质的学习。需要强调的一点是，这里所说的并不是学习发挥领导力的技巧，而是在理解管理本质的基础上学习作为管理者应有的行为和态度。

对他人的影响力究竟是指什么呢？其实就是能够让所有人朝着共同的目标迈进，并能够集结所有相关人员（团队成员）的吸引力。建立对他人的影响力是一门颇深的学问。

企业管理者的最重要的任务就是带领由其领导的团队共同达成目标。也就是说，管理者最重要的工作就是带领团队齐心协力达成最终目标，管理者既不是以友好交流为目的的业余棒球队的队长，也不是管理当地居民的社区管理员。

但是，很多人也许并没有意识到这一点。

有的学员在接受培训的时候说：“我的性情比较温和，所以不太擅长说一些严厉的话。”在我看来，这些不过是借口罢了。如果严格要求下属，那么或许会遭到下属的反抗，或许会因此而被下属讨厌，所以宁愿守在安全区，做一个老好人。这些话不过是想要装老好人、做老好人的借口而已。怀有这种想法的管理者一定无法获得令人满意的成果，也无法真正地培养下属。

一线管理者如果想获得切实的成果，就必须脚踏实地尽到责任、完成使命。为了顺利获得成果，管理者必须培养下属，这项工作非常关键。在此过程中，可能会遭到反抗，也可能会被讨厌，但身为管理者，该做的、该说的一定要做、要说。

关于领导力的具体内容，我会在第四章详细阐述。一名合格的一线管理者需要被员工崇敬、尊敬和爱戴。简单来说，管理者要让下属产生“很有威严”“真厉害”“好喜欢”这三种情绪，缺一不可。

能够领导一支整齐划一的团队的管理者一般都可以用“令人尊敬”“憧憬的对象”这类词语来描述，我的调查结果几乎也是如此。

从这一点不难看出，对他人的影响力，即领导力，仅仅凭借管理技巧或者高智商是无法完全掌握的。

关于对他人的影响力，还有一点需要提醒的是，这种影响力并非只是从上而下的。除了指导与培养下属，对上司或合作伙伴的影响力（向上影响力），以及对同事的横向影响力也需要锻炼和学习。因此，我所做的领导力培训，不仅对管理层很有价值，对年轻员工也有十分重要的价值。

人格力量是领导力的基础

要想增强对他人的影响力，需要关注哪些重要因素呢？

首当其冲的自然是良好的沟通能力。要想与身边的人建立良好的人际关系，比起周到的礼节、得体的措辞，更重要的是这两点：一是能够明确传达自己意见和主张的“意志传达力”，二是能够正确理解对方想法的“意志接受力”。

此外，能让身边人产生良好印象的行为与态度也十分重要。大方的问候、干脆利落的处事风格都是构建影响力的基础。不过，正如前文所述，这些技巧多半都可以通过普通的领导力培训学会。

但是，不论你有多强的组织能力，都不代表你有能力吸引身边的人向共同的目标迈进。有时，真正能够吸引他人的，也许是由内而外散发出的一种能量，也就是所谓的“气场”。

对他人的影响力也可以理解为感化力。对下属（团队成员）来说，上司（管理者）每天的状态（行为、态度）就是其最大的环境因素。

举一个简单的例子。相信很多年长一辈的人肯定听说过

《战斗》(*Combat*)这部美国电视剧，其主人公桑德斯中士就是一位具有感化力的典型人物。

虽然他平常沉默寡言，但只要进入战斗就会身先士卒、奋勇当先，不顾自身安危也会保护自己的部下。在平时，他不管是对自己还是对他人都十分严厉，但他卓越的领导力和满满的人情味让他赢得了部下和上级长官们的充分信任。

如果职场中也有这样的领导，那么他一定会让其他人备感安心。以丰田的生产一线来说，他的角色就相当于组长。

桑德斯中士有哪些过人的能力呢？

桑德斯中士最重要的能力就是带领团队达成共同目标的专业能力，从确定方案（战术）再到后期的反馈跟进，所有环节几乎没有任何漏洞。作为一名一线管理者，他完全可以拿到满分。

之所以能够取得这样的成功，是因为他拥有过人的人格力量。面对困难的勇气、对战友的关心、能够客观看待自我的自省力等精神品质充分体现了他的人格力量。

要想打造一支能够披荆斩棘、像桑德斯中士所带领的队伍那样强大的团队，管理者就要磨炼自己的人格，这一点十分重要。

你能否稳稳地接住社长突然抛给你的“快球”

我在培训的过程中会经常提醒学员有意识地磨炼自己的人格力量，因为我坚信，这才是领导力的本质。

我收到过很多致力于人才培养的公司的反馈，其中也包括丰田。

“多亏了你，我们才能培养出值得信赖的一线人才。”

最终培养出来的一线人才究竟应该具有什么样的素质呢？可能有些难以描述。

假设将最高管理者（社长）比作投手，将一线管理者比作接球手，你会如何回答下面这个问题呢？

社长突然抛出的球，作为一线管理者的你都能完美地接到吗？

这里所说的“球”，其实就是社长对一线管理者的具体要求。

如果你的回答是肯定的，那么没有任何问题。如果你的回答是否定的，那么你就要好好思考一下原因。你一定可以从以下选项中找到答案。

（1）一线管理者没有做好充足的准备就去回应或接受社长抛来的问题。

一线管理者没有真正理解工作的内容与原理，看待事物的方式与方法也了解得不全面，所以不理解社长所说的问题。

（2）一线管理者没有意识到社长已经抛来了问题。

社长时时刻刻都在培养一线管理者，为其提供指导和建议，但一线管理者却并没有察觉到这一点。

（3）社长抛来的球太过突然且来势太猛，一线管理者没有能力稳稳接住。

社长也是凡人，并非时时刻刻都能保持沉着冷静、有条不紊，万不得已时也会向一线管理者提出一些难题。

作为培训师，我的任务是让每一位一线管理者在任何时候都能接住社长抛来的任何“球”，帮助这些管理者戴上“手套”，即使抛过来的可能是一个非常急迫的、让人毫无准备的“快球”。

为此，我们必须通过日常工作中的点点滴滴培养我们的认知和思考能力。例如，通过认真面对、认真倾听、探寻本质等方式，强化人格力量之下的行为习惯。其实，即使是毫无准备的“快球”，我们也要时刻做好接应的准备，要时刻保持勇于挑战、怀有觉悟、感恩感激等积极向上的心态，让自已形成时刻保持积极思考的习惯。

综上所述，优秀的一线管理者往往需要全方位、多角度的培养。如果一线管理者能够时刻接收并解决社长抛过来的任何问题，那么他一定能够成功。剩下要做的就是通过 OJT 在实践中不断成长。

需要注意的是，磨炼人格力量与学习知识或技巧的不同之处在于，前者的成果较难显现。所以，很多企业在培训过程中都会忽视对员工人格力量的培养，这一点让人感到非常遗憾。

丰田为什么要着力培养一线管理者

丰田在人才培养方面最让人敬佩的一点是，丰田拥有完善的人才培育体系，能够有条不紊地培养出真正需要的人才。我们从丰田的培训安排上便可以深刻地体会到这一点。

正者如前文所述，丰田针对一线管理者的各阶段培训的课程安排能够同时兼顾学习知识和技巧以及磨炼人格力量这两个方面。我认为，丰田之所以能够维持好两者的平衡，是因为丰田有一张理想的人才蓝图。

在丰田工作，碰到上司的概率非常高。当然，这并不是十分准确的统计，但相较一般公司而言，高下立现。丰田在人才培养方面，首先会准确定义领导力的本质，并在此基础之上有计划地培养人才。

领导力因每位管理者的不同性格、不同履历或者受前辈的不同影响而相差很大。因此，管理者的“质”千差万别。要想通过这条路径提高公司整体的竞争力其实并非一件易事。前文曾经提到，对团队成员而言，管理者的行为和态度才是其最大的外部环境因素。

管理者形形色色，有很多不同的类型，这是不争的事实。例如，有的管理者喜欢通过下达指令带领团队成员不断前行；有的管理者十分看重团队成员的主观能动性，善于团结员工；有的管理者虽沉默寡言，但能身先士卒，遇到困难时会冲在前面。管理风格多种多样，但并无优劣之分，不能一概而论。

丰田尊重每一位管理者不同的管理风格，但有一点要求，即在管理人才时，必须充分考虑每一个主体的情况后再下结论。这让丰田大多数的管理者都能侧耳倾听每一位团队成员的意见，并充分发挥每个人的优势，调动他们的工作积极性，提高生产效率。

4. 贯彻一线主义，培养自律、自立的人才

管理者的领导力能够调动员工

“为什么通过培训可以获得这样的效果？让生产一线强大起来的原因都有哪些？”

如果有人问我这些问题，我一定会这样回答：“每一位一线员工都没有忘记自己的职责，同时一线管理者也能合理运用自己对员工的影响力。”

一线管理者对员工的影响力便是领导力，这一点前文已经详细阐述过。不过，如何才能提高一线员工的能力呢？

“我也想变成那样的人”，如果每一位员工都对一线管理者怀有这种憧憬或景仰之心，相信他们一定会以此为目标努力磨炼自己，自发地启动自己的成长引擎。

在每一次的培训中，我总会反复强调“自律”“自立”这两个关键词。具体的培训方法我会在第 3 章中详细介绍。我最终的教学目的就是培养能够自主思考、自主行动的一线人才。

丰田也在实践这一点。丰田的经营理念（Toyota Way）里提到了“尊重人性”，并赋予了这一点很高的地位。我们需要最大程度地尊重它、理解它。换言之，丰田向员工传递造物的乐趣和充实感，以及与同事一起工作的愉悦感，同时也为员工提供自我成长的机会。

丰田的招聘广告平淡无奇，文案也很普通，如“自由开放的职场环境”“温柔的上司和同事”“待遇在行业中数一数二”，等等。其实，通过这些广告文案，丰田不仅想传达其尊重人性的理念，还想展示其长期、系统化培养人才的决心。

当然，真正做到这些绝非易事。

要让身居一线的员工具备主观能动性，树立当事人意识

要想培养自律、自立的员工，最重要的就是让他们具备主观能动性，即树立当事人意识。

在一线工作中，丰田员工真正践行了这一点。丰田通过让一线员工建立当事人意识，促进了很多改善项目的成功，本书开头介绍的生产车间环境改善项目就是一个很好的例子。这类改善项目大多源于一线现场（如各工厂、生产线），一线员工以此为契机一步步探索着前进。

这种自下而上的内部改革方法能够锻炼每一位员工自己动脑解决问题的能力。

此外，员工通过这样的一线实践最终收获的成就感，也一定会成为他们日后成长路上的原动力。即使改善任务最初来自上级的指示，一旦结果得到肯定，相信员工也一定能够从中收获难以言表的喜悦与自信。

我之前参观过一个取得了很多成果的优秀的一线生产车间，那里的每一位员工的身上都充满了干劲，显得神采飞扬。我相信，他们一定从工作中收获了非常多的喜悦与自信，同时也以此为傲。在这样的环境中会形成这样的良性循环：改善

成功→主动性提升→提出新的改善方案→执行改善方案→改善成功……

在这样的良性循环下，一线的力量一定会越来越强。

“泡沫经济”时代过后，日本平成[①]年间的经济发展持续低迷。很多企业开始标榜自己是“一线主义”，但实际情况又如何呢？

很多企业将“到基层一线去”这句口号喊得十分响亮，但管理者真正到了一线现场后，由于没有目标和方向，最终没能取得切实的成果，或者只是去现场参观了一下，真正完成的也许只有收集数据这类无关痛痒的事情。

丰田则严格贯彻一线主义，没有流于形式，而且做得非常彻底。

2015年秋天，新款普锐斯车型增产，很多工厂的车间都忙得连轴转。看到这样的场景，社长丰田章男先生曾多次鼓舞员工，他对员工说：“**如果你们太忙，我也会去现场帮忙。**”

丰田章男社长在接受记者采访时曾公开说：“**我想做距离生产一线最近的社长。**”他的这番话足以体现他对一线的重视

---

① 平成：日本年号，从1989年1月8日至2019年4月30日。

程度。其实，丰田自创立以来，一直都在坚持一线主义。丰田创始人，也是丰田章男社长的祖父丰田喜一郎先生曾经说过这样一句广为流传的话：

“手都没有弄脏，这样能完成工作吗？”

这正是弘扬一线主义的最好佐证。“每天没有洗手3次以上，就算不上称职的技术员工。”这句话一直都是丰田喜一郎先生的口头禅。

“到了一线生产车间，要做的不只是驻足观看，还要行动起来，即使满身油污也丝毫不要在意！”

“到了一线生产车间，要与员工一起流汗、一起劳作，弄脏双手，感受共同的呼吸。”

这些话通俗易懂，且生动地道出了生产过程中必不可少的实践精神。

丰田内部有这样一个专业术语“现地现物”，它是指亲自去一线现场确认事实，看清事物的本质，寻找问题发生的根本原因。

一说到“现地现物”这个词，我总不禁想起那位资深的丰田人，以及发生在他身上的“大野耐一圆圈”的故事。

已经去世的大野耐一先生被誉为“丰田生产方式之父”，他曾担任丰田副社长一职。“大野耐一圆圈”是他的发明创造，也是一种现场教学方法。

首先，员工会在地板上用笔画一个直径为1米左右的圆圈。随后，大野耐一先生下令：“站在圆圈里，今天花一整天的时间认真观察生产线每一个环节的运行情况。”

站在圆圈里的员工通过定点观察可以找出生产线上存在的问题。不过，这并非一两个小时就能完成的事情。

大野耐一先生布置完任务后就会暂时离开工厂，接到任务的员工则站在圆圈里观察生产线，一个人独立思考。大约数小时后，大野耐一先生返回工厂询问员工。

“现在知道了吗？”

“……还是不太清楚。”

“那先去吃午饭吧，吃完后继续观察。”

到了傍晚，大野耐一先生再一次询问员工：“现在明白了吗？”

并不是所有员工都能发现问题在哪里，有的人甚至会花

8~9个小时站在圆圈里，这种情况在那个时候并不少见。有的时候，大野耐一先生在第二天还会画一个相同的圆圈，让员工站在其中继续思考。

现在的丰田已经不再会发生这样的事情了，但“大野耐一圆圈”的精神得到了传承，并会永远地传承下去。

5. 十年磨一剑，耐心等待育人的种子开花结果

仅凭一朝一夕无法育人

“假设引入贵司的培训体系，对比付出与所得，效果如何呢？”

面对中小型企业的经营者时，我经常会被问到这类问题。

人才培养是一种面向未来的投资，它的结果不会直接反映在财务报表上。对员工的培训和教育也许不会立刻显现出效果，但如果在这个方面不做投入，那么企业未来的发展势必会受限。因此，站在长远的角度来考虑，能否将制定好的培训制

度落到实处是决定企业竞争力的关键。

在经济不景气的大背景下，企业想要节省成本也无可厚非。虽然投资设备也会增加前期投入，但其为公司带来的收益是可以量化的，并且可用图表体现出来。

然而，人才培养的投入与产出效果到底体现在哪里呢？

一直以来，我认为企业开展人才培养与父母教育子女的道理是一样的。

相信您家里也一定有孩子。您对孩子的教育支出与产出效果是如何计算、拿什么进行判断的呢？

如果站在教育子女的角度看待这个问题，那么您一定会明白，过分计较教育支出与产出效果是一件特别没有意义的事情。

企业开展培训也是同样的道理。以学习知识或技巧为主的培训，成果比较容易衡量，支出与产出效果也比较容易计算。不过，如果是培养具备一线管理能力的人才，那么与之相关的投入与产出的计算也许就是一件近乎不可能的事情了。

注重“一石四鸟”的教育效果

那么，丰田在人才培养方面的投入情况如何呢？我亲身经历过的一件事情令我印象深刻。

2007 年，丰田在全世界范围内的汽车生产量突破了 1000 万辆。但从 2008 年开始，由于受到金融危机的不利影响，丰田的汽车生产量锐减。另外，丰田在 2009 年至 2010 年间发生了大规模召回的事件，这使原本就很严峻的财务状况雪上加霜，丰田遭受了前所未有的打击。

当时，无论是工厂还是办公室，都在全面开展节省成本的运动。就连彩色打印也需要获得管理者的批准才能进行。

在这样的大背景下，企业一般都会削减培训费用。很多企业如果碰到这样的情况，就会优先削减“3K 费用”，即交际费、交通费和教育费，培训支出自然会减少，甚至暂时停止培训。2009 年时，我与丰田的培训负责人就当年的培训课程进行磋商时，感受到了很大的压力。

我先问：“今年培训课程的费用能够与去年持平吗？”我听到的是一个令人非常意外的回答：“我们在员工教育上的投入今后一定会取得成效的，所以请您不用担心。”

也许对方当初回答时的用词更加通俗，没有如此生硬，但我清楚地记得，对方的意思是这些培训费用一定能够回本，让我完全不用担心丰田会缩减在员工培训上的支出。可想而知，丰田对收回培训成本充满自信。当然，在这背后一定有十分完善的制度作为支撑。

其实，说这番话的正是本书第一章提到过的那位A部长。

A部长曾经这样对我说：“丰田的培训教育其实有‘一石四鸟’之用！”

他将培训带来的成果用“一石四鸟”来形容。也就是说，因培训而受益的人，包括学员在内，一共有四个人。

具体是哪四个人呢？

第一个是学员本人。这一点不用多说，学员通过培训获得了知识与能力。

第二个是学员的直属上司。从培训前期的意识培养到培训结束后的成果发表，学员的直属上司都需要出席参与。此外，培训结束后，学员在生产现场如何将所学付诸实践，必定需要上司的反馈与关注。因此，培训也能够锻炼上司培养下属的能力。

第三个是专业咨询师。丰田一般都会专门挑选优秀的员工作为咨询师带领下属参与人才培养。这些专业咨询师也会参与培训，以前辈的身份向学员分享自己的经验。作为传授知识的一方，他们可以利用这个机会锻炼自己，系统地梳理以往的知识与技巧，并加深理解。这样的经验交流活动也能加深员工之间的感情，培养员工的交流能力。

第四个是培训负责人。培训前期的工作包括试听考察、制订计划、筛选并说服咨询师等。培训负责人通过这一系列的工作任务，一定能够逐渐掌握这些工作的相关技巧，同时也能为自己积累许多宝贵的经验。

一般情况下，我们可能会不自觉地将培训仅仅视为学员提升个人能力的手段，丰田则会从多个角度来思考这个问题。除了一线的生产效率以及产品品质的提升等能够短期见到的成果，丰田还会从长远的角度来看待培训。

教育培训还能带来哪些正面影响呢？

A部长曾多次提到："教育就像播种栽培的过程，开花结果也许需要10年的时间。"

"教育并非水中望月般虚无缥缈，我们必须要有将其刻入岩石般的坚定恒心。"这句话出自日本教育大家森新三先生，我十分赞同他的观点。

"能够如此大方地把钱用在员工教育上，也只有丰田这种大企业能做到了。"以前我在做面向中小型企业经营者的培训时，经常能听到这样的声音。但是，这种观点是错误的，甚至可以说事实正好相反。

自创业以来，从未降低对人才培养的重视程度，并且一直坚持到今天，这才是丰田成为世界级企业的真正原因。在人才培养这件事情上，并没有公司规模大小之分，只有价值观与意识上的差别而已。

丰田一直以来都将人才培养视为企业最重要的课题，优先投入了很多人力、物力、财力等经营资源。即使在公司内部全面推行削减成本的政策之时，丰田依旧没有减少对人才培养的投入。

不管是丰田还是其他一线实力非常强大的中小型企业，大多数企业在经营过程中都会采取自上而下的管理方式来贯彻企业的发展方针与目标。一线管理者为了实现目标，还要做好将团队成员的意见传达给上级这种自下而上的管理工作，这就要求一线员工在工作中树立主人翁和当事人意识。

公司真正的实力体现在一线，只有一线工作才能为社会创造价值。只有坚守在一线的人才能真正明白一线工作的价值，这种价值已经成为所有一线人员努力工作的精神力量。

因此，公司的经营骨干（高层管理者）必须时时刻刻关注一线，为一线员工创造一个能够安心、安全工作的良好环境。

6. 企业文化就是每一位员工的习惯总和

什么是企业文化

前文提到，通过教育播下的种子等到真正开花结果大约需要 10 年的时间。对企业来说，“创造肥沃的土壤，施肥灌溉，最终播下种子”是开展培训的最终目标；对个人而言，“加粗枝干，为了枝繁叶茂而伸展茎根，持续生长”则是参加培训的目的。企业需要做的事情包括完善员工培训教育制度、有计划地实施 OJT、做好培训安排等，把员工一步一步地培养成才。

有很多公司都愿意长期引入我的培训课程。作为检验培训成果的一项重要指标，让企业文化真正落到实处并渗透到每一位员工的意识中也是我的工作任务之一（相关案例请参阅第五章）。

我认为，能够育人的一流企业都有良好的企业文化。企业文化就是一家企业特有的风气与氛围。那么，如何才能塑造良好的企业文化并将其落到实处呢？接下来我们简单地讨论一下这个问题。

企业文化是什么意思？我们通常都会用“氛围”或“风气”这类模糊、抽象的概念进行解释，这种解释相对来说难以理解。让我来解释的话，我大概会这样说明：企业文化就是每一位员工的习惯总和。

任何一个国家或地区，都会有专属于它的国民性或区域性，也就是这个地方的风土人情。它的形成与在那片土地上生活的居民的习惯息息相关。例如，在日本东北地区生活的人们大多淳朴忠厚，江户人稳重的性格以及大阪人活力四射的性格在这个地区也许并不多见。

企业文化也是同样的道理。每一位员工的基本习惯就是企业文化的最好体现。如果一家企业的绝大多数员工都拥有良好的行为习惯，那么这家企业一定会有非常好的氛围和工作环境，即优良的企业文化。这里所说的“习惯”，主要包括心态、看待事物的方法、思考模式和行动态度等，这些都是在平日潜移默化渗入骨子里的东西。例如，丰田的每一位员工都严格贯彻4S，反复思考问题出现的根本原因，并亲自去现场确认，前辈也有责任与义务照顾新人，这些都是丰田的企业文化。

习惯会受外部刺激的驱动

每个人都会受到外在环境的影响，这一点毋庸置疑。一个地方的居民会受到当地的自然环境、经济环境以及文化的影响。同样的道理，每一位员工都会受到管理者的管理风格、职场环境等多种因素的影响。

在良好的土壤上播撒种子，待其生根发芽，为之浇灌，让其沐浴阳光。没有后期的精心呵护，种子自然就无法顺利发芽结果。人才培养也是同样的道理，如果没有前期对员工的精心培养，当然就培养不出优秀的人才。

企业需要时刻思考如何才能持续培养员工，如果在叶苗枯萎之时才紧急浇灌，就为时已晚了。

培养人才基本上要花费5~10年甚至更长的时间，管理者需要日复一日地付出精力，充满热情地持续实践。只有这样，才能培养出能够与企业共同发展、勇于接受各种挑战的人才，从而促进更大的变革，使企业不断焕发生机。

人才培养在初期的成果并不明显，但只要企业能做到持之以恒，终会有开花结果的一天。

还有一点十分重要：企业的理念也会对员工的习惯产生重大的影响。

下面要讲的是某家中型企业发生的事情。这家企业的社长在例会上总是不断重复该企业的理念，一位管理人员在听过很多遍后对社长说："社长，您可以讲一些别的事情。"听到这样的声音，社长回应道："这是我的责任，对大家反复说这些理念才能使其得到贯彻落实，你也应该理解这背后的原因。"

一家企业的经营理念从提出到最终渗透到一线，在这个过程中管理者所需花费的时间和精力不容小觑。这家企业的社长的观点是正确的。

丰田非常重视经营理念，这一点前文也曾提及，这里不再赘述。在对新入职员工开展培训的过程中，我曾将以丰田喜一郎先生为原型拍摄的电影《艰苦创业的道路》以及描绘艰辛创业历程的电视剧《先驱者》和《先驱者Ⅱ》作为教材。这些影视作品在向世人宣传丰田的同时，也展示了丰田的创业史与丰田员工的精神风貌，并向员工传递了丰田的企业精神。相信员工一定能通过这些真实发生的动人故事，切实感受到丰田的经营理念和企业文化。

因为需要不断激发员工，所以一线管理者平时的所作所为显得尤为重要。

企业文化是每一位员工的习惯总和，而培养这些习惯在很大程度上取决于社长（高层管理者）平时的为人处世（工作和生活方式）。有这样一句谚语："每个孩子都是看着父母的背影长大的"。孩子虽然不一定会成为父母所期望的那个样子，但父母平时的一言一行都会给孩子带来巨大的影响。

同样，社长与一线管理者每天的工作状态和言谈举止都会成为员工的行为规范。所以，无论企业的经营理念与社训多么动听，只要员工看到社长与一线管理者并没有亲自践行，企业就不可能形成良好的企业文化。

员工能够深刻感受到社长与一线管理者时时刻刻都在践行企业的经营理念，相信在这样的环境中，树苗一定会茁壮成长。因此，卓越的领导力非常重要。

通过危机感增强员工的行动意愿

“勇于跳出舒适圈，站在击球区。”

2016 年，丰田章男社长在新年致辞时说了这样一句话。

这就是丰田的企业文化的特征之一，即鼓励员工勇于挑战，倡导一分耕耘一分收获。

奥田硕先生在担任会长时，为了提醒员工时刻提高警惕，不做温水中的青蛙，他也曾高喊口号：“打败自己！丰田！”

狼来啦！狼来啦！

伊索寓言中有一个故事“狼来了”，主人公放羊少年因为不懂事，总是吓唬身边的成年人。在丰田，也有一个类似的故事“狼少年”，很多在丰田工作了二三十年的老员工一定有所耳闻。

“丰田顺风顺水的时候也从未传出类似于‘肯定没问题’或‘丰田会安然平稳’这种令人安心的论调，反而会有‘狼少年’这样的员工，不断地喊着‘狼来啦’”。

一位丰田老员工苦笑着跟我讲了这个故事。

金融危机之前，丰田的发展十分顺利。20 世纪 90 年代中期以后，随着海外市场的开拓，丰田的业绩节节攀升。特别是在中国建厂后，丰田的汽车生产量不断上升。在日本国内的汽车市场，丰田可以说完全没有竞争对手。但是，即使在那样的有利环境下，丰田内部依旧充满了浓浓的危机感。丰田时刻要求员工迎接挑战，勇于变革。

“虽然〇〇进展很顺利，但 ×× 还有点危险。”

“品质还跟不上！”

“现在看着是不错，但以后呢？还有发展潜力吗？”

“这样下去，我们肯定是危险的！”

在我负责的课程上，每次丰田人事部门负责人在开场致辞时，总是会讲出一些让学员充满危机感的话语。

“日元仅仅升值 1 元钱，也许就会影响丰田 400 亿日元左右的营业利润。”

“北美市场的销售情况不错，但东南亚市场的销量与之前持平。”

“在中国，大众汽车比我们的销量还要高。”

……

有时，负责人还会对像我这样的外部培训师提出特别的要求，他可能会对我说：“从外部的角度来看，丰田现阶段的弱点都有哪些呢？您可以谈谈这个话题。”“请多讲讲奋斗在艰苦环境中的那些中小型企业的案例。”

“老金，你就做咱们团队里的‘食肉鱼’吧。”

20 世纪 90 年代末期，在一次面向领班候选人的讲座上，之前一直在一线工作的金老师（大家都叫他“老金”）被请来做咨询师。这句话是当时生产管理部的 N 部长对金老师说的，N 部长后来晋升为丰田的副社长。他以贯彻一线主义而闻名，是著名的“魔鬼教官”。

金老师是高中毕业后进入丰田工作的，他是刀刃研磨领域的专家，拥有 30 年的工作经验。在那个测定器还不精准的年代，金老师通过感觉就能察觉到细微的误差，是一位拥有高超技术的专家。他这次的身份是辅导学员的咨询师。那么，话说回来，什么是“食肉鱼”呢？

“在放置刚刚打捞上来的活鱼的水槽中，一定要放上一条四处捕食猎物的食肉鱼，这样才能增强活鱼的危机感，保持活鱼的新鲜度。”

N部长做了这样一个比喻。

丰田近年来招收了越来越多的拥有大学以上学历的员工，嘴上功夫好的人也比以前多了不少。N部长了解到这个情况后时刻保持着警惕，经常提醒培训负责人“千万不要太学术、太刻板”，警示员工不要只是纸上谈兵，过于偏重对知识的学习。

恢复一线管理职位过去的名称

丰田在一线生产现场（技术岗位）设置了工长、组长、领班等职位。这些职位名称不仅能让人们想起过去的那种师徒关系，还能让人感受到一线生产现场的工作氛围。

1997年，丰田实行扁平化管理，当时对一线管理者的职位名称做过一次变更，将工长改称CL（Chief Leader），将组长改称GL（Group Leader）。后来，丰田将这些职位的名称改了回来。时隔20年，职位名称的恢复让员工再次感受到了这些称谓中含有的“指导有方、如同兄长般的老师”“威严满满的老师傅”等带有强烈感情色彩的领导力。

丰田为什么这样做呢？不就是恢复职位名称这样简单的事

情吗？

相信很多读者都会产生这样的疑问。其实，这些称谓蕴含着丰田的危机意识以及培养人才的理念。现在是一个人际关系淡薄的时代，培养年轻人是企业的当务之急，领导一线工作的管理者有责任增强自己的自觉性，时刻意识到自己的责任。

丰田能够做大、做强，与丰田自创立以来一直将人才培养作为经营的基石有着密不可分的关系。有了人才，丰田才能一路前行，毫不动摇。

第三章

丰田长期推崇的 DMP 培训

与一般的技术类培训不同，我的培训课程主要锻炼员工的“基干”，即关注他们的基本功。这种培训模式被称为 DMP。我将在本章中详细介绍这种培训模式。

1. DMP 培训的来源与我的故事

DMP 创始人收我做关门弟子

在详细介绍 DMP 培训的内容之前，我想简单介绍一下自己成为咨询师的背景和经过。

我现在采用的培训模式叫 DMP（Dynamic Management Program）。概括来讲，DMP 主要通过小组讨论（Buzz Session）和团体动力学（Group Dynamics）的方式，在尊重人性的基础上培养管理人才，这是一种独特的培训模式。

创立 DMP 的正是我的老师皆川节夫先生。他在日本管理咨询界有着举足轻重的地位，也是我心目中的“大神”。然而，这一切是如何开始的呢？这要从我与皆川老师的相遇说起。

皆川老师于 1919 年出生，毕业于陆军士官学校。他曾在美国陆军小仓地区的司令部工作，随后开始了管理咨询生涯。

我在大学毕业后去了一所中学当教师。我所任教的那所学校是当时县里出了名的“棘手学校”。不过，凭借教导主任、年级主任以及剑道部顾问的身份，我拥有了与学生正面交流的好机会。

读大学期间，我在好朋友的补习班当老师。虽然只是临时工，但我通过暑假合宿训练活动，有幸见识了学生们迎接挑战、不畏挑战、不断成长的身影。由于之前有过这样的经历，所以我当时虽然只是一名新手，但对班级管理和升学指导等工作还是有一定信心的。

教师的工作让我感到非常快乐且充实，但我在工作了两年后还是选择了辞职。因为我想看看外面更广阔的世界，也想不断挑战自我。很早以前，就有一个想法在我的脑海中不断蔓延，最终我下定决心开启环游世界的冒险旅程。

与皆川老师的相识发生在准备开启旅程之际，当时距离我出国还有 1 个月左右的时间。有一天，那位开补习班的好朋友突然联络我说："皆川老师的青少年培训班缺帮手，你想去试试吗？"那个时候，皆川老师举办了很多面向青少年的合宿培训活动，因此急着招收志愿者。

教育家皆川先生的大名其实我早有耳闻，但真正接触还是头一回。那次在青少年培训班的经历让我受到了巨大的冲击。

"原来在短短的时间内，孩子们居然可以发生这么大的变化！"通过观摩此次活动，我感受到了教育的精髓，这令我感慨颇深。教育并非仅仅传授知识，而是培养学生作为一个人所应具备的基本素养和理想姿态。

在五天六晚的培训中，我作为皆川老师的秘书，主要负责他的生活起居等杂事。

在此过程中，我做的所有事情都在不同程度上受到了皆川老师的训斥。在那之前，我认为自己的教学能力并不输给其他老师，还是有一些骄傲之心的。受到此次打击，我内心的骄傲被彻底打碎，我开始重新审视自己。

"还好你辞职不做教师了，这对日本来说是一件好事！"

我从小到大接受的都是"偏差值教育"，一切以分数为重。

我对真正面向学问的教育毫无了解，因此受到了皆川老师的严厉批评。皆川老师的话很刻薄，但我在他严厉的双眸中感受到了他的温柔和热心。他从第一次见面起就对我赤诚相待，这让我非常感动。

在此期间，我主动请求皆川老师收我为徒，给我学习更多东西的机会。当时的我强烈地感受到，比起环游世界寻找自我，在皆川老师的门下修行能够得到更多的锻炼。“像你这样的木头人，我才不收呢！”皆川老师嘴上这样说，但他还是给了我机会。在完成了讲授此次培训的一个科目的考验之后，我成功获得了进入由皆川老师创办的皆川经营研究所工作的机会。

“好小子，你真有胆量啊！你这就叫‘飞蛾扑火’！”在欢迎我入职的招待宴上，当我与前辈们举杯庆祝时，皆川老师笑盈盈地对我说了这句话。

三年半的入室学艺

在招待宴结束的第二天，我就开始了充满严峻挑战的求学之旅。作为不用付房租的代价，我需要每天早上 6 点半起床，步行 1~2 分钟去皆川老师家，帮他遛他的爱犬。在庭院里做完广播体操后，我与师母围坐在一起吃早饭。之后我要去事务所，完成厕所与庭院的清扫等琐事。此外，各种培训活动的准备工作、所有秘书类的文字工作和杂事都由我来完成。因此，对我来说，这是一份入室学艺的工作，我几乎没有任何私人时间。有时，在周末或节假日我也会接到任务，不过我早已司空见惯。

入室学艺的日子虽然令人疲惫，但在此过程中，我每天都能近距离地观察皆川老师的判断标准和思考方式，这些都深深地印刻在我的脑海里。此外，我还学习到了如何运用大脑（思考与思索）、如何运用心力（意识与精神）、如何运用身体（行动与态度）等基本的知识。这些都与 DMP 的根基“作为一个人所应具备的基本素养和理想姿态”息息相关。

此外，通过辅助皆川老师与前辈咨询师的工作，我也逐步掌握了 DMP 咨询师所应具备的技巧与知识。

皆川老师并不会一五一十地教授我理论和技巧。他常常说：“你去看看前辈们如何做，然后去学习，要自己下功夫去思考。”最开始，我会记录前辈们的课程，一点一点地将录音转化为文字进行学习，在房间里一个人练习讲课的技巧。这些自主性的工作恰好体现了 DMP 最本质的思想。在那段时间里，我将前辈们的经验与自己获得的实践经验相结合，学到了很多DMP的核心知识。

在皆川老师的指导下，我第一次以咨询师的身份开展工作。虽然在相处过程中免不了针锋相对的讨论，但皆川老师在指导时没有半点私心。他说：“**我要培养今后能够支撑日本、为日本做贡献的年轻人。**”他是真真正正地在为日本的未来着想，这也体现了皆川老师过人的人格魅力。直到现在，还有很多人在讨论自己与皆川老师共事的经历。

我的入室学艺一共持续了三年半的时间。我此后的第一份工作是作为助手协助咨询师开展培训讲座，前后大约用了四个月的时间。

随后，我从30岁起被正式任命为DMP咨询师。

我从两位老师身上学到的东西

DMP培训的一大特色，就是会因咨询师教学风格的不同而千姿百态。例如，皆川老师的教学风格可以用“千锤百炼”这个词来概括，他往往会将学员逼入绝境，让他们了解自己的极限在哪里。

其他前辈咨询师们，虽然都师承皆川老师，也都会以

DMP 为基本原则，但每一位都有独特的教学风格。

作为在皆川老师身边学习、直接接受其熏陶的关门弟子，为了不玷污师傅的名声和招牌，我付出了非常多的努力。同时，在开始职业生涯后，我辅助过很多咨询师前辈，我从他们身上学到了很多。我最尊敬的一位师兄是中尾清光先生。他在师从皆川老师后独立门户，随后因为很多原因，转而担任皆川经营研究所代表董事。后来，他将研究所改名为 DMP，经过长时间的经营，最终成了该公司的最高管理者。在他的指导下，我懂得了作为一名咨询师该如何培养自己的“基干”。对我来说，他就是我的第二位老师。

中尾先生经常会说这样一句话：“不管是群体还是个体，都有属于自己的味道。”身为培训师，我们必须先去感受那个“味道”，并在此基础上开展培训。培训的主角永远是学员。因此，我们要根据每一位学员的思考与行为特性，有针对性地授课。对比皆川老师与中尾老师授课的特点，我发现皆川老师十分注重找到学员的想法或行为习惯中的不足之处并不断打击，使其在承受巨压的情况下不断完善自我；中尾先生更偏向于让学员发挥自主性，让他们真正认识到自己的内在力量。如果说皆川老师对学员的期望是“即使承受巨大的压力，依然能立足于世”，那么中尾先生则更偏向于让学员“亲自尝试过跌倒的痛苦后萌发自我意识”。

中尾先生对身为部下和师弟的我态度十分友好，他不会要求我直接去寻找问题的答案，而会耐心细致地给我提示，让我自己想办法解决问题。在此过程中，他会在旁边默默地观察、守护着我。他的人格魅力深深地吸引了我，他让我明白了应该怎样看待自己的工作，怎样才能在工作中找到乐趣，应该以怎样的心态对待工作与生活，等等。

这些经验对我日后的培训工作产生了深远的影响。“只有付出百分之百的努力，才能真正体会到工作的乐趣”，我现在能很自豪地当着所有学员的面这样说。这些经验都是我的宝贵财富。

还有一位我十分敬仰的师兄，他的名字是冈本晴雄。我与他第一次相遇是在我大学二年级的时候。当时，他作为SAMSON（日本的一家理发美容连锁店的总公司）的高层管理者的候选人，被派到皆川老师身边工作。一次偶然的机会，让我见识到了冈本先生的人格魅力。那天，他返回总部，当着大约100人的面发表演讲。

那一幕让我印象深刻。他身材不高，但身姿挺拔、落落大方。我觉得他特别帅、特别有魅力。数年后，冈本先生转行从事 DMP 培训与咨询工作。我从他身上学到了很多，他最让我敬佩的一点是，他为人赤诚、愚直。冈本先生会将每一位学员的情况，以手工记录的方式逐一写下来。此外，每年他都会给相识的人寄送亲笔书写的贺卡，共计 3000~4000 张，并坚持了 30 多年。这样的事例数不胜数。

其实，很多人都明白这种费力费时之事的重要性，但毫不懈怠并持之以恒地做下去绝非易事。

正是我的老师和两位师兄以及所有前辈对我的帮助和指导，才造就了今天的我。去年，我也自立门户，拥有了自己的公司。但是，这段学习经历深深地印刻在了我的心里，永远不会消失。

2. DMP 培训的基本思考方式

提出合理的人才培养方案

正如不亲身实践就不懂什么是禅坐一样，当你亲身参与过 DMP 培训后，相信你一定会明白它的价值。很多企业的员工在参加我的培训后，都会这样向他人传递自己对 DMP 的理解。在培训的过程中，重要的不再是如何学习知识和技巧，而是更多地着眼于如何增强每一位员工的人格力量。每一位参与培训的员工的感受都有所不同，要想完全解释清楚培训内容并不是一件容易的事情。

在此，我想特别解释的是，企业开展培训的最终目标是培养人才，培养对象仅限于企业员工，企业据此开展教学工作。

近年来，我发现以实现自我成长为主题的讲座和培训越来越多，但这些与我所说的企业培训的概念完全不同。

在当代社会，大家总是抱怨能够让人感动或有所触动的东西越来越少，因此相应的培训也应运而生。我不否认这类培训的价值，但其实很多所谓的“感动”都是在人为操作下被唤起的。通过这类培训，学员们会更加关注自我，而不是更加关注现实，这里面存在着“无视现实、躲避现实”的风险。

真正的感动应该是在日常生活中跨越残酷现实之后所收获的情绪，例如，在公司与其他同事朝着共同的目标前进，最终得到客户的感谢，以此收获的成就感和充实感。我们应该通过这些真实的事情和经历来收获感动。

我会根据企业的经营理念和发展方针帮助企业培养人才。因此，在每次培训开始之前，我都会事先做好准备工作，通过提问从一线管理者或培训负责人那里了解该公司的实际发展状况，如“贵公司的发展蓝图或者目标是什么”“为了实现这个目标，贵公司想要培养什么样的人才”等。

在我为丰田做培训期间，丰田的培训负责人每年伊始都会与我进行交流，我也会向对方咨询丰田的年度方针的关键词以及当时的经营环境等信息，并将这些有价值的信息融入我的课程中。利用这些问题的答案，我们可以明确地提炼出公司的目标，并在培训过程中让那些一线管理者明白，为了实现公司的目标，自己应该具备哪些素质和能力。包括丰田在内，大多数通过外部培训机构开展员工培训的企业，都有一张关于人才培养的蓝图及相关规划，并愿意跟培训师及时沟通培训的相关事项。

如果是企业特别定制的培训，我会事先与培训负责人就培训科目及内容进行沟通。也就是说，我会根据该公司的经营理念和价值观以及对人才培养的具体要求设计适合该公司的培训课程。

仅凭空想是无法培养人才的，只有立足于当下，进行有针对性的思考，才能找到正确的人才培养方式。尤其对中小企业来说，由于人才有限，所以如何培养人才是一个非常关键的问题。

相信每一家企业在人才培养方面都存在着各种各样的问题，我会事先与企业的经营者和培训负责人沟通相关事宜。此外，我还会参观学员的工作环境，并在此基础上制定最适合该企业的人才培养方案。

培训的目的绝非仅仅学习某些知识和技巧，而是为企业培养更多能够进行自我变革的人才。同时，培训还要让学员能够通过学习感受到工作的乐趣，把握住属于自己的幸福。自律和自立是育人的关键。

我认为，员工遵守公司的制度和要求，坚守自己的道德心，并在倾听自己的心声后再行动，这才是公司不断发展壮大的根本动力。

根据现场情况随时调整培训方案

不管是高层管理者还是一线管理者，或者是新入职员工，我都会根据每一位学员各个阶段的具体情况来制定培训方案。

具体的培训形式多种多样，有四晚五天合宿形式的培训，也有在企业内部开展的专题培训，还有与其他公司的员工进行交流的公开讲座，以及根据企业的特殊需求定制的培训等。需要合宿的培训，人数一般是一个班 15 个人左右，最多不超过 20 个人。如果是以学习知识或技巧为目标的培训，那么人数可以增加到 100 到 200 个人。由于我们会根据每一位学员的特点和具体情况进行具体处理，所以才会有人数的限制。

另外，我们还会根据现场的反应灵活确定培训的具体内容。

俗话说“因材施教”，培训也是同样的道理，我们会根据现场的具体情况灵活地调整培训的进度和内容。

我们也会根据学员的具体情况随时调整培训内容。参与培训的学员能在这样的氛围中解放自己的心灵，了解并察觉真正的自己。

保持时刻思考

为了让自己焕然一新，不知你是否挑战过努力克服困难并最终达成目标的工作。如果你曾经这样挑战过，那么我相信达成目标所带来的成就感会转化为你的自信，从而使你愿意继续努力，这是最理想的成长模式。

即便在这种成长模式中，如果只是被动地参与，不能积极主动地迎难而上，那么也无法得到理想的效果。如果自己不能体会到工作中的喜悦与快乐、自豪感与使命感，就不会有想要进一步努力的意愿。虽然“自豪感与使命感”这些字眼听起来有一些夸张，但这些确实是能够通过工作满足的“原始欲望”（目的）。因此，我们要做的第一件事情，就是树立目的意识，充分发挥自主性与主观能动性。

在这里需要强调一下，主动思考非常重要。能够准确洞察每一位员工的特点的经营者和培训负责人大多都会要求员工进行自我思考，因为只有这样，才能充分激发员工的自主性和主观能动性。我在培训中会通过以下自问自答的方式，提醒员工注意这一点。

“为什么一定要这样做呢？做这个工作的目的是什么？”

“我希望通过完成这件事情达到什么样的目标呢？”

“现在我需要做什么？需要怎么做？”

通过这样的自问自答，学员就能察觉到自己当初没有意识到的东西。

以下是一位 40 多岁的学员在回顾自己的培训过程时写下的感想。

“要想让自己的人生更加丰富多彩，就要让自己的工作更加充实。要想让自己的工作更加充实，就要有成就感。要想得到成就感，就要团队协作。要想提高团队协作的能力，就要有具备领导力的管理者。要想成为拥有领导力的管理者，除了要

拥有丰富的知识和技巧，还要培养自己的人格力量。通过此次培训，我深刻地理解了这个循环。我决定从今天开始不断地打磨自己，让自己变得更好。”

相信不少人在读了这篇感想后会觉得没什么了不起，毕竟，这些内容都是最显而易见的道理。但是，这位学员通过自己的察觉收获的这些感想，一定会成为他今后成长道路上的动力源泉。

过于偏重知识教育的弊端在于，最终会培养出更多只动嘴、不行动的评论家型员工，或者只要完成任务就得过且过，从来不主动思考和行动的听从型员工。知道并不代表会行动，而行动一次并不代表它会成为深入你骨髓的习惯。

有些企业会专门培训员工的一言一行和行事态度。还有一些企业甚至会从最基本的问候、行为举止开始培训，彻底纠正员工身上的不良习惯。

这类培训对想要以固定模式培训员工的企业（例如，针对新入职员工开展基本培训，培训以固定方式进行销售的销售人员等）来说，会有一定的效果。

但从结果来看，这种培训方式的效果并不能持久。也许培训刚结束的第二天，学员还会用非常大的声音向身边人问候早安，我还可以看到学员飞跃性的成长变化，但他们在一周之后通常都会恢复原貌。

在培训中，我通常会让学员自己察觉，并时刻思考。因为只有自己真正意识到问题所在，培训的效果才能更加持久。另外，这样做还可以培养学员的主观能动性。

我认为，企业培养出来的人才，不是仅仅遵守集合时间的小兵小将，而是即便上司没有发出任何指令也能提前 5 分钟完成集合、拥有骑士精神的英雄。

持之以恒地练习基本功

在我的培训中，除了让学员体验与自主思考，基本功的练习也非常关键。

不知道你有没有听说过“守（修）、破、离”，这些都是古代日本修身养性的重要环节，在剑道、柔道、茶道中也是非常重要的概念。掌握了这三点就可以实现快速成长。守，即认真练习基本功，达到熟练的程度。破，即熟练基本技能之后，试着突破原有规范，让自己得到更高层次的进化。离，即得到新的认识和见解，自创新招数，开辟新境界。以上都是成长过程中的重要环节。其中，我最重视的是“守”，也就是练习基本功。

在体育领域，基本功也非常重要。棒球运动员需要苦练投接球的基本功，相扑运动员需要练习踏脚和脚擦地板静走等基本功。不管你是职业棒球队的球员，还是最高级别的相扑运动员横纲，要想成为一流的运动员，基本功的练习必不可少。

员工培训也是同样的道理，如果不能让员工在行为习惯、行事态度、看待事物的方式、感受力、人格力量等方面练好基本功，即使员工再努力，也没有办法完成最基本的工作、践行企业文化，更不可能实现企业的发展目标。

在反复练习基本功的过程中，你也许会感到枯燥无味，但只有持之以恒地练习下去，才能做好自己的本职工作。

3. 不能放任自我，要卸下心中的盔甲

从言行举止开始辅导

相信很多人在第一天参加我的培训时，一定会感受到巨大的冲击。培训一开始，我会指导大家如何精力充沛地打招呼、抬头挺胸地行礼、灵活敏捷地行动等，对种种日常行为和行事态度进行严格的指导。有时，我会大声地发出指令或严厉地指出学员的不足。如果你在家里、学校或职场中从未被严厉地训斥过，那么你在第一天的培训中一定会获得非常特别的体验。

我让学员做这些练习的目的并不仅仅是做程式化的灌输。

重视礼数的态度、姿态端正的形体以及遵从内心保持自律的能力，都能通过这样的练习得到改善和提升。虽然有些人会反驳“重要的不在于姿态或形体，而是内心”，但在现实生活中，不可否认的一点是人们或多或少都会以貌取人，根据他人的外在对他人做出评价。

重视形式（礼数）也是遵从内心的表现。尊重对方、遵守礼数是维系人际关系的基础。在古代，不管是剑道还是柔道，或者是茶道、花道，为了表达对他人的敬畏之心，都会有“形式”这种说法。也就是说，先要维持形式才能谈自我修养。在培训中练习问候他人和日常的行为举止也是相同的道理，这就是前文所说的“守、破、离”。这与纸上谈兵的教育模式形成了鲜明的对比。

也许有很多人会认为，这种墨守成规的做法太死板了，但其实在丰田的培训中，也有很多这种训练，尤其是针对新入职员工的培训，例如，员工必须大声地回答问题，按照指令行动，向上级做报告等。

有时，为了增强大家的体能，让团队成员感受到团结和成就感带来的正能量，培训师还会在培训中增加登山环节。不管是什么样的形式，最终目的都是让员工不再纸上谈兵，真正地行动起来。

时刻保持“言力”发声

DMP 培训十分重视并强调“言力”。“言力”是 DMP 自创的词汇，表示集智慧、勇气与爱于一体的、不可思议的语言力量。

不可否认，语言具有影响行动力的能量。但是，如果语言不能很好地表达出你的想法或意愿，那么对方就不会因此而采取行动。

当然，在头脑中进行逻辑梳理也非常重要，但仅凭这一点无法影响他人。人之所以采取行动，是因为有所感受。

你肯定听说过“感动”一词，但你绝对没有听说过“理动”这个词，就是这个道理。

想要真正打动他人，关键在于感受。管理者准确地将自己的想法传达给员工也非常重要。也就是说，“言力”是领导力中沟通交流环节不可或缺的技能。

在培训过程中，我会要求学员在说话时使用正确的措辞。

正确的措辞如下：

（1）不说废话，只说重要的内容；

（2）先说结果再说原因，或者被提问后再说明原因；

（3）不使用含糊不清的表述（如“我觉得”“应该”“可能”“打算”等）；

（4）不使用没有意义的词句（如“那个”“嗯”“也是”“怎么”等）；

（5）少用修饰性的词语；

（6）根据提问的内容来回答问题；

（7）如果一次能解决，就一次说完；

（8）叫别人的时候一定要说出对方的名字；

（9）要反复强调你的意愿，不要说状态。

我把这九条关于正确措辞的规定张贴在教室最醒目的地方，学员每天都能看到。有的公司还会在培训结束后将它打印出来，分享给所有员工。

但是，谈到“言力”，很多人会觉得重点是大声说出自己的想法。其实，这种观点并不全面。大声地说出自己的想法虽然很重要，但话语里是否包含说话者的智慧、勇气和爱更加重要。因此，我们在说话时不仅要做到气沉丹田、充满自信地大声表达，还要做到充满慈爱与温柔。

这是一件发生在我高中三年级时的事情。在春节举办的球技大赛（包括棒球、足球、网球、排球等球类运动）的开幕式上，新上任的校长上台致辞。学生们都想快点开始比赛，所以表现得非常不耐烦。上一任校长讲话经常拖泥带水，学生们十分不待见。不过，让人颇感意外的是，新任校长却完全不同，他说：

“盼望已久的球技大赛即将拉开帷幕。身为校长，我只说一句，既然是比赛，那就要获取胜利！就这些！”

全校大约 1500 名师生高声欢呼，仅仅这样一句简单的话，就瞬间点燃了在场所有师生的热情。

一位部门负责人为了推进一线的 4S 工作，贴出了这样的口号：“干净整洁的工作环境，让花朵也能变得更美丽。”在推进一线的 4S 工作时，让所有人明白 4S 的重要性很有必要。但如果能在此基础上，将自己的真情实感融入其中，那么公司的工作氛围一定会随之改变。

下面，再给大家举一个关于“言力”的例子。

丰田工厂的一线生产车间里都有管理看板，上面常常写着各部门及各生产线的现状、课题、业务进展情况等信息。有了这张管理看板，任何人都可以清楚地了解当前工作的进展情况和具体状态，并能把握整体情况。

因为职业的关系，我看过很多一线工作现场的管理看板。根据以往的经验，我得出了下面的结论。

如果看板上写着现阶段进展情况的详细信息以及上级的评论和建议，那么这样的一线工作现场往往十分出色。看到QC小组提出的改善方案、一线员工提交的进展报告等，优秀的一线管理者都会亲自手写用红色的字反馈员工，表达鼓励、慰劳或提出建议，例如，“谢谢你，A君，做得很好”“小B，这样做也许会更好”等。

在有这种看板的一线生产车间里，员工都能保持积极的工作状态，工作也能够顺利进行。相反，如果一线管理者只用冷冰冰的印章进行反馈，那么在大多数情况下都看不出在哪些工作环节中出现了哪些问题。虽然手写的反馈并不如口述表达得直接，但其中蕴含的真情实感与“言力”的内涵是相同的。

一步步卸下心中的盔甲

话题回到具体的培训。相信大多数学员在第一天都会因为脱离了熟悉的工作环境而感到不适应，但这正是我的目的所在。通过这样的方式，我让学员不再墨守成规，在新的环境中一步步地卸下心中沉重的盔甲。只要内心的想法、行动和态度被束缚，员工就无法真正实现革新。有时，我会有意识地用比较严厉的话语或者故意刁难的语气来指导学员。

“你也太安于现状了吧？我完全看不到你全力以赴的姿态！”

“仅仅能做到认真在现在这个时代已经行不通了，请你再专业一点好吗？”

“都这么大岁数了，你还想着迎合下属的喜好而放弃做自己，太幼稚了吧！”

很多人在与上级的相处中，从未有过这样直来直去的对话，所以一定有很多人内心很受挫。一家中小型企业的部长在第一天的培训结束后，留下了这样的感想：

“好久没有被这样严厉地训斥了，被批评的瞬间，全身都紧张了起来。我不禁回想起刚进公司时的情景。”

还有一位30多岁的管理者候选人，他这样描述自己的感受：

“这次培训让我认识到，以前与他人的相处可能只是流于表面，我并没有表现出真实的自我，也没有吐露自己的真实想法，这样不好。我的所有伪装也许早已被他人看透，一想到这一点，我就能卸下心中的包袱，大胆地说出心中所想。”

还有一位40多岁的一线管理者这样分析了自己：

“也许在内心深处的某个地方，我本能地启动了自我防护机制。这次培训让我意识到，我需要抛弃那个经常伪装、追求平庸的自己，我真正需要做的是，将内心的想法全部说出来。”

如果能够像他们一样抛弃伪装，尊重自己的内心，那么你一定能焕然一新，在自我成长的道路上不断前行。

相信现在的大多数年轻人在学生时代都没有被训斥过，也极少碰到过他人纠缠不清或不讲道理的情况。他们在此基础上开始了自己的第一份工作。在家里，他们与父母像朋友般相处。在学校，老师也不会严厉地斥责他们。在公司，为下属着想而训斥他们的上司也越来越少。在这样的背景下，我能够明显地感受到，企业的育人力量正在被一点点削弱。这也是我在培训的过程中会反复教导学员不能放任自我的原因之一。

不过，就像我之前再三强调的那样，我开展培训的最终目的是培养自律、自立的管理者，也就是说，我的培训课程既不是为了对学员进行军事化教育，也不是为了向他们传授技术知识，而是以培养兼具智慧、理性、感情三种特质的优秀管理者为目标。

接下来我会详细讲解培训内容。

4. 通过讨论锻炼思考能力和人格力量

深刻感受"这就是一线"

"请将培训中的所有任务都当成工作，认真对待！"

我总是会这样号召大家。我做的培训并不是纯粹的知识讲授，而是一种体验式的教学。

在 DMP 培训中，解答和讨论是两个核心环节，这是我独创的培训模式。所有的学员都会被分到各个小组（班），每个小组要选出各自的领队（班长）以及副领队，各个小组针对给出的研究课题进行讨论，最终由全员的总领队进行陈述总结。

这样的培训方法也许从形式上来看并不新颖。

DMP 培训的特点在于，解答和讨论的过程经常能推陈出新。这样的形式能够让大家在有限的时间内尽可能多地提出自己的想法或思路，互相评价，最终得出结论。这是一种能够锻炼学员思考能力的培训模式。

接下来，我将详细介绍其中的不同之处。

“这就是现实！只会展现我们最熟悉的那一面。”

这是我经常挂在嘴边的口头禅。例如，如果学员没有在规定的时间内得出结论，我就会将这样的情形比作在日常工作中对交货期的意识淡薄，对学员进行批评。

“你永远只是满足于努力就好，不遵守约定好的时间，你这样的行为能够得到客户的认同吗？”

看到学员的字迹很潦草时，我会将这样的行为视为品质意识淡薄的表现。

“顺眼整齐的排版、文字大小的设置……这些都可以看作交付给客户的产品或者提交给上司的资料。如果把这样的东西

摆在客户或上司面前，你能想象出他们的反应吗？”

另外，在培训过程中，有时需要移动桌椅或整理物品，我会反复提醒学员，让他们把这些当成树立“落实 4S”“消除无用环节”“收到指示后再次确认，勤汇报多思考”等基本工作意识的好机会。这些做法能够让学员回想起平时工作中的点点滴滴。

“培训已经进行了好几个小时了。如果这段时间内培训的产出相当于提高了 1% 的生产效率，这样周而复始、不断积累、改善日常业务，那么一年之后会是什么样的情景呢？”

我会通过多种多样的表述方式，让学员联想培训与工作的相似之处。

同时锻炼思考能力和人格力量

讨论的主题多种多样，我一般会根据学员的具体情况确定。基础班、经营管理班和新人培训班的培训内容会有所差别。即使班级相同，我也会根据每个班级成员的特点选择不同的内容进行讨论。

此外，主题也会根据具体情况有所区别。虽然在这里没有办法一一详细举例介绍，但我可以给出一些关键词，供大家参考：

- 自己判断现状与使命，自主行动（见机行事原则）；
- 责任、权限与义务（三面等价原则）；
- 反省与努力；
- 批评与责备；
- 危机管理；
- 工作与人生；
- 自由与放任自我的不同，以及规章、义务与责任等。

不论具体的研究课题是哪一个，最重要的就是不断探究本质的态度和决心。具体来说，探究本质包括探究本质目的（即为什么执行）和探究本质原因（即问题之所以发生的根本原因）。如果能够顺利找到事物之间的因果关系，就能找到解决问题的钥匙。

班级内部发表讨论结果的时候，需要将结果统一整理在板报大纸上，这样做可以让所有人将所思所想可视化。通过分析目的和手段、结果与原因、整体与部分、抽象与具体等内容，学员能够进行逻辑思考，打开思路，产生更多的想法。

上述方式可以锻炼学员的思考能力。此外，讨论环节还可以培养学员的人格力量。

在讨论环节，一般会由总领队宣布讨论正式开始，每个班的班长在发表本班讨论结果的时候，其他班需要找出其弱点，进行反驳。班长要针对其他班提出的质疑迅速做出反应。该环节的形式与辩论相似。

通过“言力”交换意见，针锋相对地表达观点，这样的辩论场景比日常工作更能让员工产生震撼的感觉。有一位学员曾这样描述自己的感受：

“我在职场中第一个实践的就是通过‘言力’表达观点。有一点我十分赞同，那就是不管碰到什么样的情况，我们都要有勇气大声地说出自己的主张。”

这里还有一点值得注意，每一位学员都要基于自己的责任与角色开展实践。领队（班长）需要团结班上的所有成员，副领队则辅佐领队。其他成员需要遵从领队的指示，积极参与讨论。总领队负责掌控全局、掌握节奏，推进指导环节和讨论环节的开展。其实，这些小小的分工可以类比为社长与各部门部长的职责。有了明确的责任划分，我们就能开展合理的行动。

以最快的速度抓住讨论重点，在你来我往的讨论中一步步推进，不断地积累。从过程来看，这就类似于我们的日常工作。身为管理者，我们要迅速处理各类事务，并根据具体情况进行判断，在充分考虑优先顺序的基础上为下属下达明确的指令。

培训通常会以实践（实务）为前提进行。举个例子，如果总领队由于一时惊慌使讨论被迫中止，那么我会这样提醒他：

“因为这种区区小事就紧张得不知如何应对，当发生真正紧急情况时，比如一线发生巨大安全事故时，你仍要选择逃避吗？你的整个团队都会受到影响而停滞不前。那时，团队成员们该如何是好呢？”

全盘托出一己之见

在讨论环节中，我们还会指导“打招呼”（发表宣言、自我介绍）“行礼”和“目光”等细节。之所以这样做，是因为人们总会不自觉地根据外在（言行举止、姿态）来判断一个人。管理者要向外人展示良好的精神面貌，如积极向上、充满活力、热情、认真、正直等，这些都是重要的品质，这些会在很大程度上决定一个人的影响力。

DMP 培训通过设定场景，让学员多次参与实践，赋予他们相应的职责与任务，让他们深入体验，并在此基础上培养他们承担这个责任或角色时应有的行为与态度。

管理者应该准确把握各个团队成员的情况。为此，管理者必须仔细观察每一个人，根据现实情况与当下状态进行判断。

“为什么不能对成员下达明确指示？因为害怕自己成为众矢之的吗？我感受不到你作为领队的威严！”

“为什么不表达自己？是为了看事态如何发展吗？还是因为害怕失败？”

有时，我会以强硬的语气，通过这种连续的反问来质疑学员。

培训刚开始的阶段，很多学员都会感到“没自信”“不想被讨厌”“不想丢脸”，这类负面情绪的积累最终让他们启动了自我保护机制，选择以逃避的方式来应对。如果他们此时选择启动自我保护机制，那么需要拼尽全力发挥领导力、吸引更多人参与的变革是根本没有办法实现的。一名 40 多岁的一线管理者曾说过这样一段话：

“我担任管理者也有好几年了，每次发生问题需要应对的时候，我都认为自己是团队中最和蔼、最努力的那一个。但现在回过头来看，作为管理者，我在管理的过程中没有得到任何成长。这是因为，我总是为自己找借口，选择那些不会被下属讨厌的做法。一旦发生突发状况，我就会无能为力。我这样做其实是为自己的不努力寻找借口。”

学员通过不断的讨论，渐渐体会到了直抒胸臆的快感。一位学员（30 岁）发表了这样的感想：

“由于在讨论环节太着急、太紧张，我都不记得自己说了些什么。虽然过程让人很疲惫，但在结束后我体会到了前所未有的成就感。说实话，我自己都觉得惊讶。后来，我渐渐转换情绪，不再畏惧失败，尽自己所能，努力挑战自我。”

另外，还有一位学员（40 岁）结合自己的日常业务，谈了自己的想法：

“在职场这个环境中，有时发现下属不遵守规则，我会选择视而不见。通过此次培训，我再一次意识到了问题的严重性，发现下属错误但不指正的做法与自己犯错毫无差别！”

坦诚讨论，加强彼此的纽带

高压式的教学方法能够培养学员的团队合作意识和批判精神。一系列的讨论环节可以让学员意识到沟通与领导力的重要性，促使他们对问题的本质进行深入思考，从而得到更深的领悟。

另外，这种体验式的学习还可以让员工意识到自己思考与行动的习惯。这些习惯也体现在培训环境中，体现在平时身边同事的眼中。

一位学员回想职场中的经历时这样反省道：

“我再一次感受到我之前在报告、联络、沟通上做得有多不好，也许我曾给一起工作的同事们带来了很多不便与麻烦吧。”

还有一位学员十分后悔地说：

“通过今天的培训，我感受到了自己与同事之间在能力上的差距。在独立进行深入思考、体谅他人等方面，我做得还远远不够。我还意识到了自己的表达能力不足，在板报上的总结内容也写得不好，拖了大家的后腿。”

人人都有缺点，但我们要做的并不是纠结于此，而是尽力展现自己的长处，从而扬长避短。如果意识不到自己的短板在哪，那么自己的优势也不会被别人看到。

在讨论环节中，大家在“笑着争吵”的过程中也能逐渐培养团队的协作能力。

一位参加培训的部长这样总结了那几日的感想：

“早矢仕老师曾经说过一句令我印象深刻的话，那就是‘请将你认为最麻烦的下属当作你的师傅，他是帮助你成长的恩人’。回到公司之后，我仍会努力打磨自己，积极面对各种困难。”

如果团队中的所有成员都能练好基本功，根据实际情况主动思考、行动，那么这个团队一定能建立强大的协作能力。为了达成大家的共同目标，分工协作、互帮互助是必不可少的。

支撑这一切的基础就是良好的沟通与协调。

在培训的过程中，除了讨论、辩论，学员还会坐在一起沟通交流。在中途休息或培训结束后，大家会围坐在一起互相吐露心声。

“课间休息的时候，同事A和B来找我聊天。刚刚在课上早矢仕老师严厉地批评了我，他们看到我的情绪十分低落，就过来安慰我。当时，我的心情很差，我担心自己无法克服自身的弱点。我跟他俩说了自己的苦恼之后，他们就不断地安慰我。时光虽然短暂，但一路上因为有他们在身旁，我才能有勇气一点点去改变自己。”

说这段话的，是一位40岁左右的学员。

很多企业在做沟通培训时，可能会向学员传授很多技巧。但在我看来，沟通时只靠技巧是远远不够的。

人与人之间的沟通，最重要的是心灵感应。恋人之间只通过牵手或短短的一句问候就可以感受彼此，做到心意相通。其实，工作中的交流也一样。上司和下属通过握手也可以感受到彼此的想法。

另外，在充分意识到“言力”的重要性后，合理运用“言力”进行沟通交流就变得很重要了。

意识到这些并不是培训的目的。更重要的是，学员要不断积累经验，在实践中提高自己的沟通能力。

5. 审视自己的内心，锻炼对本质的把控能力

留给自己思考的时间

我在培训中的讨论环节还有一些特别的设置。例如，为了让员工将讨论中的失败经验转化为继续前行的动力，从而获得更深的感悟，我特别设置了流放环节。当我发出口令“流放”时，所有学员都要即刻离开培训场地，回到自己的专属空间进行自我反省。

只要流放口令没有被解除，就不会进行其他环节。如果说讨论是为了思考，那么流放就是为了进行自我反省。设置流放

环节可能会有很多原因，但最终目的都是让员工能够进行自我反省。

学员要想解除流放口令，必须明白流放的三个原则，并向培训师汇报，具体内容如下。

流放的三个原则：

① 究竟错在哪里？（把握现象）

② 为什么会这样？（把握本质）

③ 为了进一步改进，要下怎样的决心？（具体行动）

如果学员不能给出令人满意的回答，那么在解除流放口令之前，学员就要反复思考原因并向培训师汇报。

在一次培训中，总领队（30 岁左右）由于弄错了讨论程序，因此受到了流放惩罚。“作为领队，我没能下达明确的指令。”“我应该勤做笔记，反复确认情况。”从回答来看，他已经清醒地认识并把握了现象，也明白今后在遇到类似的问题时应该如何处理。但在“为什么会这样”这个方面，他的认知还存在不足，没有把握住问题的本质原因。在后来的追问中，他回答“在遇到预料之外的事情时，没能保持一颗平常心”，但这只是表面的原因。他应该进一步去思考失去平常心的原因是什么。深思熟虑之后，他得出的结论是“没有认真听取同伴的意见，只是自顾自地思考并得出结论”。

“不对！”我立即反驳他。其实，真正的原因是，在处理事情的过程中，他总是小心翼翼、不愿犯错，希望快点完成任务。这也许与他与生俱来的性格有关，他希望事事都能无障碍地顺利完成，并得到他人的认可。这一点在他身上体现得尤为明显。

流放环节能够进一步帮助学员找到他们失败（弱点）背后的自身原因，这些都会体现在日常的方方面面、他们的一言一行之中。

“不错，解除流放。你做得很好！”

为了解除流放，这位学员再一次陈述了自己的反省与领悟。这一次，我从心底里为他称赞叫好。他这样表达了自己的感想：

“通过此次培训，我明白了其实真正让人开心不是察言观色、掩饰自我时得到的夸奖，而是成为那个‘真实的自我’时得到的表扬和称赞。这是我从未感悟到的道理。”

总结经验并将其灵活运用到一线工作中

把握本质是指能够理解每一个现象（信息）蕴含的深意。

在各种现象、各类信息错综复杂的时代，要想做出正确的判断，就要锻炼自己分析现象的能力。为了探寻问题的真正原因，找到问题的根源，我们要运用发散思维去思考那些看似毫无关联的现象，或许会有新的发现。此时，把握问题的本质十分重要。

学员通过培训，不仅能不断思考工作现场发生的问题与自己言行中的不足之处，还能锻炼自己对问题本质的分析力与掌控力。当初不明白的事情，经过反复的思考与分析后，就能逐渐明白其中的道理。DMP 培训中有一个重要的反向思考环节，设置这个环节是为了让学员明白，要想成为笑到最后的人，就要了解失败的人都有什么样的行为特征。为此，我总结出了 10 个特征。这些并不是单纯的口号，学员在日常生活中要时刻关注自己的一言一行，认识真正的自己，对照这些特征找到自己的不足之处，并加以改正。

（1）失败的人，总是会逃避困难的工作。

（2）失败的人，总是放任自己、习惯性地拖延，工作不

守时。

（3）失败的人，即使犯了错误也不知悔改。

（4）失败的人，从未从心底里感受过真正的喜悦。

（5）失败的人，总是为自己找借口，在可能性的面前为自己树一堵墙。

（6）失败的人，不会利用自己的优势主动进攻，反而经常用自己的短板被动防御。

（7）失败的人，总是不努力，对获取成果并不上心。

（8）失败的人，从不信任他人。

（9）失败的人，没有一技之长。

（10）失败的人，不明白真正的敌人就是自己。

我们只有不断加强自己对人、对事以及对自我本质的思考，才能结合实际情况更加灵活地处事，更加准确地分析和判断问题发生的根本原因，找到解决问题的方法，不再事事照本宣科，脱离既有规则的束缚。

思考工作在自己人生中的定位

培训过半后，我会要求学员对个人问题进行思考。此外，我还会设置一些关于工作观、人生观的哲学性的主题。员工可以通过思考这些问题，进一步开展与自我的对话，从而拓展自己的视野。例如，让学员讨论“工作与人生”这一主题能够帮助学员进一步思考什么才是适合并属于自己的生活及工作方式。设置这一环节的目的是让每一位学员都能自问自答，边散步边思考问题的答案。

思考的问题如下。

“我们是为了什么工作？为了什么人生目标而活？如果不去思考这些问题的本质，人生将会失去应有的意义，庸庸碌碌，只是为了糊口而工作。”

“你无法改变他人，也无法改变过去。但是，你自己和未来是可以改变的。虽然过去与事实无法改变，但过去所承载的意义是可以改变的。主动改变自己，世界也会随着你改变。”

“不要想方设法讨好所有人，这是不可能做到的事情。活着的目的并不是为了不被别人讨厌，而是能够喜欢此时此刻的自己，自信、自豪、乐观、向上的生活才是最重要的。在偌大的世界里，做一个对别人有价值的人，这样的人生才能过得自由且幸福。”

在正常的工作日，只要在你醒着的时候，相信你有70%的时间都在处理与工作有关的事情。在幼稚、放任自我都不被允许的职场环境中，你的所作所为如果能够得到别人的认可，这是多么了不起的事情啊！因此，我们不仅要学习知识和技能，每天努力工作，还要决定自己想要什么样的生活和工作。想清楚这些也是非常重要的。

6. 将培训与 OJT 结合

培训结束之后才是真正的战场

教育的关键并不是提高，而是引导。也就是说，培训师不能站在高于学员的地方去教导学员，而要相信学员能够实现自我成长，这才是培训师应该扮演的角色。

要想将自己几十年来形成的习惯通过短短数日的培训就彻底改变，这是不可能做到的。

如果真的改变了，那才危险，就像快速减肥反而更容易反弹一样。因此，强制矫正、从上至下地刻意改变，往往不会得到好的效果。

在培训结束时，我总是这样对学员说：

“相信大家通过这几天的学习知道了正确看待事物的方式与方法，应该有什么样的心态，以及作为一名企业员工应该具有什么么样的素养，并认真地思考了自己以往的人生。但是，这并不代表习惯会马上改变。希望大家首先意识到改变的必要性。大家走出这个会场回到职场之后的磨炼，才是真正意义上的 DMP 培训。”

我开展培训的目的是培养自律、自立的员工，并帮助企业打造良好的企业文化与工作氛围。让这一切发生的人只能是在座的各位学员。

“我对你们公司来说根本无关紧要，希望大家能够通过我的培训真正认识到‘自己再也不能这样下去了’，而能否领悟这一点并展开行动，只有靠你们自己。”

我会对企业经营者、培训负责人以及各位学员坦诚地说出这些肺腑之言。只有将培训与 OJT 相结合，才能真正地掀起变革。

因此，我将培训视为通向 OJT 的渡河之桥。

让学员与社长的心紧紧相连

在合宿培训结束的前一晚，学员所在公司的社长及其上司会来到培训基地，举办一场别开生面的鞭策活动。在这场活动中，每一位学员会以培训中的收获为主题上台演讲，并表明自己在今后工作中的决心。

这不仅仅是一个简单的仪式，活动的组织者会判断学员的决心是真还是假，有时还会真切地给出建议。如果学员只是说一些不痛不痒的感想，不能真真正正地表达自己的所思所想，花费的时间就会比别人更多。

在 10 年前一次培训的演讲中，某中小型企业的一位董事说出了自己的故事。

“直到现在，我都记得自己当初在台上对社长所做的发言。当时，我无比紧张。可想而知，这种激励与鞭策的场景，给人带来的印象之深。当时我说‘我平时总是喜欢纸上谈兵，每次在真正开始行动之前，我总会有很多顾虑，最终选择放弃行动，自然也不会获得任何成果。即使当时我能顺利完成任务，在过程中恐怕也会出现很多错误。因此，在接下来的日子里，我将会脚踏实地地做事’。代表社长出席活动的公司顾问听了我的演讲后，紧紧地握住了我的手。”

在鞭策活动中并不都是一片祝福的声音。与培训相同，也有很多人表现得十分紧张。但是，对大多数学员而言，社长或公司的管理者能够为了自己专程赶到这里，一定对自己充满了期待，这是一件非常令他们开心的事情，相信大家都能亲身感受到。

学员中有八成都不是自愿来这里参加培训的，不过，借着这个机会，很多人都发生了改变。在最后的演讲中，他们都从心底里说出了“谢谢您，社长”这样的感谢之言。同时，这也是一个非常好的机会，让学员与社长的心紧紧地连在了一起。

一位学员和同事一起参加了这次培训，在培训结束后，他发出了这样的感慨：

“通过这次培训，我可以更加客观地审视自己的努力成果，回归最真实的自我。此外，我还有一个非常重要的收获，那就是认识了同班的 13 位战友。通过与他们并肩作战，我学会了独立思考，明白了自己应该扮演什么样的角色，朋友和伙伴到底意味着什么，什么是科学的管理和引导，与团队成员携手共进是多么重要的事情。”

“我从未想过，短短几天的培训，让我与素未谋面的伙伴们建立了如此深厚的感情。我在培训中学到的东西，相信在公司里也一定可以用到。”

“也许在公司改革的路上，能携手共进的人并不多，但我相信，只要怀着坚定的信心，在今后的10年里公司一定能稳步前行。培训已经接近尾声，我终于明白当初社长为什么会让我们两个人来参加这次培训。我今后会更加努力，不辜负社长的期望，拼尽全力，为公司创造更美好的未来。”

通过撰写培训报告唤起自己的记忆

除了前面介绍过的流放环节，培训中还有一个特别的环节，那就是让每一位学员在自己的失误以及做得不够好的地方打“×”，以此纠正自己的行动方案。

这样做的目的是让大家意识到，做再小的事情，也不能忽视积少成多的力量。学员要意识到反复练习基本功的重要性，并努力养成习惯。大家可以通过打“×”的方式，彻底切断自己那些不良的行为习惯带给自己的负面影响，并及时予以纠正。

虽然我会对大家的失败经历进行指导，学员之间也会相互指出对方的不足之处，但通过自己打“×”的方式来发挥自己的主观能动性，有意识地去改变自己，通过培训取得的成果才能在实践中得到更好的体现。

要想将培训的成果与 OJT 相结合，一定要牢记在培训中的体验。我会在培训过程中要求每一位学员简单地记录每天的点点滴滴。这份记录并不是写给上司看的，而是写给自己看的。学员要将自己的感想记录下来，然后进行整理和汇总。

这份记录也会成为今后帮助学员回忆培训时的场景的材料。除了陈述事实，学员也可以写一些心里的想法。有时，这种直接的感情表达更容易成为学员开展进一步行动的动力。

在本章的末尾，我向大家分享一位参加了四晚五天合宿培训的学员的感想。

他 40 岁左右，作为一名一线管理者在一线奋斗多年。通过几天的培训，他意识到自己还有很多的不足之处。在培训中，大家都亲切地称呼他为“队长”，足见他的人气。读完这篇感想，相信你一定会被他的成长经历所打动，你一定会忍不住想要知道他最终都取得了哪些成果。

第一天：

“我终于明白了，自己一直以来的价值观是多么的故步自封。我也意识到，自己一直以来做了很多任性的事情。将讨论的课题作为客户的要求去思考，这样的思维模式让我想起了‘不能遵守约定，只会找一些借口推卸责任’的行为，其实，这才是忽视客户要求的表现。我意识到了自己以前犯的错误。”

第二天：

“我对自己十分有信心的同时，也怀有很强的自我保护心理。对于早矢仕老师说的话，我在心里能够理解，但在现实中，我一定会被打回原形。要想真正抛开自我保护的外壳，需要下很强的决心。为了真正做到这一点，必须先了解自己的想法、哲学观和价值观，这是非常重要的。”

第三天：

“培训进入第三天，我感觉我终于卸下了内心的包袱。一直到昨天，我觉得我的自我保护心理依然很重，没有办法完全进入角色。我总是会思考很多，这反而阻碍了我的行动。在意识到这一点后，我的内心反而轻松了。通过此次培训，我认识了很多伙伴，真希望以后能有机会与他们一起共事。大家在一起努力的经历让我十分怀念。大家的乐观情绪也感染了我。通过团队协作完成共同的任务，我体会到了前所未有的成就感。”

第四天：

“今天的培训让我察觉到，原来自己一直以来拼尽全力地奋斗都是为了实现自我价值。我在培训场地周围散步的时候，我真正感受到了大自然的美丽。回想起自己一直以来的逃避态度，我不禁感到羞愧难当。通过培训，我明白了改变自我其实也是承认自我的过程。我们要认真地活在当下。今后，我一定会继续思考自己活在这个世上的意义。”

第四章

真正的教育始于培训结束之时

要想增强培训效果，必须要有与OJT联动的机制与正确的育人观。

本章将介绍经营者和培训负责人要重点关注的事情。

1. 只有先育人，才能提升业绩

以一线为中心的改革意识

企业的发展依赖于人才。

企业要想发展壮大，人才培养必不可少，相信一定没有人会质疑这一点。

但是，培养人才既费时又费力，取得了成果也并不能立刻见效。特别是对那些一边忙于应对手边各种繁杂的事务，一边还要承受本季度营业利润、当月销售额等财务指标的沉重压力的经营者来说，以长期的视角来思考和解决人才培养问题，其实并不是一件容易的事情。

接下来，我介绍一下人才培养与企业业绩之间的关系。

本书第一章介绍的改善生产车间工作环境，最终实现不用佩戴口罩也能正常工作的真实案例其实就是最好的佐证。

这项改革得到了各方的高度评价，来工厂参观的人络绎不绝，大家都十分惊叹改善成果所带来的积极影响。

但是，在这辉煌成果的背后，其实是每一位员工的勤恳和努力。而带领大家前进的管理者，正是A部长和B部长。

在呼吁一线员工支持此改善项目的同时，A部长和B部长为了取得公司高层管理者的支持，多次向相关董事说明具体情况，四处奔波要预算。他们甚至去找直属的最高领导商谈。

“此次改善首先会从调查一线生产车间清扫粉尘的情况开始。”

“因为范围非常广，所以可能需要很多时间，平时加班以及休息日上班也在所难免。”

“为了开展项目，生产效率可能会有所下降，请您一定要给我们更多的时间。”

他们还列举了过去类似的案例，通过总结失败的教训说服了高层管理者。他们认为，之前的改善项目之所以失败，是因为没有给一线人员充足的时间，只是单纯地追求成果，从而造成一线人员毫无改善热情，自然无法取得成果。最终，他们用诚意打动了高层管理者，取得了高层管理者的理解和支持。

知道这件事情后，我主动采访了A部长。我对他说：

“相信当时在你们身边一定有非常多的人反对吧，你们当时没有为自己想过后路吗？从来没有想过也许会因为这件事情而被调走吗？”

听了我的问题，A部长苦笑着说：

“说实话，当时风言风语特别多，但我坚信丰田是一家拥有包容心的企业。”

“而且，我也当上了丰田一个部门的部长。因为我做的是有价值和自己真正想做的事情，所以即使被调走，我也不会在乎的。”

“如果多年以后，有人想起这件事时说一句‘多亏了当时的那位部长，才让我们能够摘掉防尘口罩，能这样轻松地工作真是太好了’这样的话，就是我最荣幸的事情了。”

这两位部长一直以一线为中心开展自己的工作。他们曾经还邀请过丰田技术岗位的人员来参观生产车间实施的环境改善项目。这些技术人员专门为此出差是非常少见的，他们确实认识到了这个改善项目能够取得成功的根本原因。他们这样总结道：

“不管是哪一家企业都有一个共同点，那就是由一线人员主导的改善项目所取得的成果，一定可以长久维持。”

“相反，由那些毫无关联的技术人员主导的改善项目所取得的成果，一般都维持不了多久，最后都会被打回原形。”

由此可见，他们已经明白了以一线为中心的必要性及其重要意义。

两位部长一直投身在一线，员工也受到了他们的感染。与此同时，耐心（静静地等待、相信一线员工的力量）也十分重要。

从环境改善到成本变革

此后，这家工厂还在不断地进行各项改善项目，其中一个改善项目是大幅削减生产成本，最终也取得了成功。

2001 年，奥田硕会长在新年致辞中提到：

“打败自己！丰田！”

“我希望每一位员工都能站在创业者、经营者的角度思考问题，以‘打败自己！丰田’的精神不断推进改善项目。我们最大的敌人就是自己的懈怠之心。”

这句口号也与丰田推行的“打倒丰田”（Break Through Toyota，BT2）这一改革项目有关。

BT2 于 2002 年启动。一方面，丰田当时的营业利润达到了 1 兆日元，实现了飞跃式的发展。另一方面，丰田也逐渐显现出大企业的通病。奥田硕会长对丰田的未来感到深深的忧虑。

BT2 是在成本和品质两个方面同时推进的十分大胆的改革项目。此外，它还将大幅削减丰田各家工厂的生产成本作为课题。

针对生产零部件的工厂，负责对其进行管理的调配部门已经实现了成本的大幅削减。

与此同时，我也听到了这样的声音：

“公司内部生产的零部件太昂贵，也许应该换个思路，调动公司外部的资源。”

各家工厂或多或少都有过这些以削减成本为目标的改革经历。

这家工厂也是如此，有一个部门必须要削减 30% 的成本才行，否则就无法与丰田其他公司的产品竞争。

“3% 或许能做到，但这次居然要削减 30%！”

所有人都哑口无言，但是，管理层的职责就是带领所有员工达成目标。A 部长和 B 部长再次聚在一起进行讨论。两位部长最终决定基于以往成功的改善项目做进一步的创新，从而实现 BT2 的目标。

但是，他们必须得到所有一线员工的理解与支持。

“BT2 是什么？‘打败自己！丰田’又是什么意思？”

“公司不是已经实现盈利了吗？”

所有员工都十分困惑，于是，两位部长召集工厂全体员工，对他们说：

“公司的盈利确实在上升。”

“但是，我们工厂的产品毫无竞争力，不削减生产成本就是死路一条！”

两位部长耐心地解答了员工的疑问，并号召员工发扬“自己的城堡自己守护”（丰田的前任社长石田退三先生留下的名言）的精神不断推进各个改善项目，力求得到员工的理解与支持。

就这样，两位部长高举成本改革的大旗再次开启了新的征程。

两位部长从维护费入手，重点削减了各个生产环节的费用。他们通过坚定实施与以往不同的成本改革策略，成功地大幅削减成本，实现了最终目标。这家工厂取得的成果与其他工厂相比，优势十分明显。

深入人心的改革管理

“这家工厂的改革这么成功，将来或许会登上‘Project X’呀！”我曾经对A部长提过这件事情。

“Project X”是NHK电视台从2000年到2005年播出的一

档纪录片节目。该节目以隐去姓名的方式采访一些企业管理者及其团队，以团队携手挑战艰难课题为主题，得到了很多观众的关注和支持。

虽然电视台采访一事很遗憾地没有实现，但这些问题仍然值得我们思考：

- **为什么这样的大规模改革能够圆满成功？**
- **这家工厂到底有什么不同之处？**

用一句话概括这些问题的答案，恐怕有些困难。我认为，主要原因还是员工的意识和企业文化。从表面上来看，工厂车间里的粉尘被打扫得干干净净，但这并不是唯一的事实，还有一点不容忽视，那就是每一位员工都改变了自己的意识，都拥有“只要去做就能实现，一定还有改善的空间”这种由成功经历所带来的切身体会，正是这些改变为整个工厂带来了最大的能量。

我相信，该工厂一系列改善项目的成功，都要归功于在A部长和B部长强有力的领导下，一线员工不断被激发出的智慧和执着的精神。

人才培养的成果会反映在业绩中

2006年，在这家工厂工作了6年的A部长由于职位调动，去了丰田旗下一家生产零部件的T公司工作，先后担任了专务及副社长等职，并最终在2009年就任该公司的社长。此后五年间，他一直致力于提高该公司的经营管理水平。

他在T公司的成绩也十分出色，这些成果不知是他付出了多少辛苦与努力才换来的。

“真是太不容易了！”

这是他变动工作后最直观的感受。T公司曾经被称为“锻造的T公司”。也就是说，该公司的锻造技术在丰田内部首屈一指。不过，当时该公司的情况却不容乐观。

现场有一半的员工都是没有接受过培训的派遣工。工厂的地板上满是油污，工作环境昏暗，让人觉得死气沉沉。因此，不合格品非常多，盈利也很少。召开的会议倒是不少，但极其冗长，参会者也提不出什么具有建设性的意见。整个公司奄奄一息，似乎随时都会垮掉。

A部长在心里暗自下定决心，一定要改变公司的工作环境，毕竟员工一个个都那么努力。

“在这个时候来到公司担任社长，真是不容易呀！”

身边很多人都对他表示同情。

其实，大环境就是如此。当时，由于受到金融危机的影响，日本的经济也受到了严重的打击。在他就任社长之前的2008年，该公司的销售额从前一年的约500亿日元急速减少至390亿日元，并产生了15亿日元的赤字。

2009年，预计销售额会继续减少至341亿日元，并且赤字将会增加到20亿日元。

2009年6月接任社长一职的A部长看到这副场景，也感到无比烦恼。在取得500亿日元销售额的年代，通过改善取得的业绩也只有五六亿日元，但现在需要通过改善来取得至少20亿日元的业绩。

其实，他心里真实的想法是“不管怎么看，都是不可能的事情”，但他所处的位置绝不允许他有这样的想法。

在这样的背景下，A部长担任了此次改革的主要负责人，他利用休息日起草了一份为避免连续两年赤字的详细的盈利计划。他还透露，他会借鉴很多之前的改善经验来推动此次改革。

在如此严峻的形势下，为了更好地实施计划，达到盈利目标，他反复向一线管理者说明此次改革的重要性。在取得一线人员的理解和支持后，他才为员工分配具体任务，共同向目标迈进。

我提出了这样一个问题：

“当时让你最痛苦的事情是什么呢？”

他回答说：

“不管是公司的董事、管理层，还是普通员工，他们每个月的工资和奖金都会因此受到影响。”

在这份盈利计划中，他还号召员工要有责任心，协助其他公司共同改革。所有员工都要齐心协力，团结在一起，共同面向未来。

实施一系列改善措施后，T 公司不仅成功地达成了目标，还比预期多取得了 4 亿日元的盈利，这都是工作在一线的所有员工共同努力的结果。我听说，T 公司还发放了特别奖金，以示鼓励。

T公司成功解决了危机。A部长在接受媒体采访时说：

“造物即育人，我希望不断完善公司的教育环境。”（中部经济新闻，2009年7月31日）

其实，A部长在进行彻底的成本改革之外，还想进一步完善公司的人才培养机制。为此，他采取了很多措施，他的这些努力其实也是丰田旗下所有工厂的改革写照。

T公司重新审视了从新入职员工到各级别、各工种员工在各个学习阶段的所有培训内容。

A部长当时的想法是，如果培养不出合格的一线管理者，那么一线生产现场就不会发生根本性的改变。当时，我非常荣幸地被选为对即将成为一线管理者的员工进行指导的培训师。在那个时候，T公司的QC小组活动并没有得到有效的开展。

我现在仍然担任该公司的培训师，几乎所有的候补一线管理者都参加过我的培训课程。就像我在前面说的，虽然衡量培训效果不是一件容易的事情，但A部长说的这番话让我感同身受：

“其实，通过公司的业绩和企业文化就能看清楚一切。认

真培养人才的企业与不重视人才培养的企业在业绩和企业文化上会有很大的差别。每一位员工都应该时时刻刻地逼问自己‘公司实现盈利了吗’‘我有没有拼尽全力工作呢’，要时时刻刻对这些问题有着清醒的认识。”

2. 通过非正式活动增强 OJT 的效果

巩固团队协作与交流沟通

就像我在之前反复提到的，OJT 是人才培养的关键。只有通过日常业务，才能够真正培养出良好的习惯，最终取得成果。

如果希望自己的公司不断发展壮大，就很有必要重新审视 OJT。那么，怎样做才能增强 OJT 的效果呢？

丰田的做法是采用各种方式加强公司内部的沟通交流，从而增强 OJT 的效果。上司和下属的关系不仅体现为职场中纵向的关系，也体现为非正式活动中超越职场的横向关系，以及跨越职位和职场的对角线关系。

例如，每年12月，丰田都会举办一场大型的接力赛跑活动，所有的科室、部门、工厂都会组织一个团队，参与到这项活动中。

每年，丰田社长都会专门到现场为所有员工加油助威，员工也充满了干劲，斗志昂扬。参与接力赛跑活动的所有成员都会为了在活动当天获得一个好成绩，从一年前就开始练习。每到午休时间，我总能在丰田总部以及各家工厂周边看见一大群跑步者的身影。所有的活动组织人员也会事先做好充分的准备。

有的人可能会问："不就是一个体育活动嘛，有必要搞得这么正式吗？"

其实，当初我也有同样的疑问。

但我们绝对不能忽视这样的非正式活动所产生的影响。公司内部的运动会可能是公司提供给员工的一项福利。但是，丰田却将其视为构建人际关系的重要一环。也就是说，它对强化员工之间的团队协作和沟通交流发挥着至关重要的作用。

丰田非常支持此类活动，甚至设立了专门的部门来组织和筹备此类非正式活动。

如果有公司的球队（如棒球队、垒球队、橄榄球队）参加比赛，公司就会组织所有员工到现场为球队加油助威。当然，参加与否是每一位员工的自由。如果员工参加，那么公司将承担一半的交通费用。有些距离比较远的工厂甚至会租用专门的会场巴士接员工前去加油助威。

类似的非正式活动还有很多。例如，针对各个层级的员工开展的学习会或者各类新年会活动等。从部长级别的公司管理层到一线员工，所有员工都能找到相应的组织，参与相关的活动。也就是说，公司内部横向的人际关系网就是这样形成的。

组织这样的活动，不仅能够打破不同部门之间的隔阂，还能促使员工相互建立深厚的友谊，让他们在参加活动的过程中锻炼自己的领导力。另外，这也是员工之间进行沟通与交流的重要渠道。

如上所述，丰田举办了各式各样的非正式活动。不过，有一个不容忽视的现实，那就是近年来参与活动的人数正在逐年下降。

“唉，现在的年轻人，价值观已经跟我们不一样了。”

相信一些年长的管理者看到公司的现状，可能会不免失落，陷入惆怅。

现在，很多中小型企业都会积极地开展各种内部活动，如运动会、新年会、员工集体旅行等。不过，只要失败一次，很多企业就会放弃，能够持之以恒的企业并不多。

在这个方面，丰田的做法完全不同。即使员工参与率有所下降，丰田还是会坚持下去。即使这种非正式的关系已经变得碎片化，但绝不能切断这一层关系。

据我所知，不光是丰田，所有优秀的中小型企业都十分重视这种非正式的人际关系。

交流与沟通的本质是什么

交流与沟通的本质是什么呢？也许并不在言语之间。双目相对就能明白彼此的恋人，或常年相伴、言语不多也能明白彼此的老夫老妻更能体现交流与沟通的本质。

对企业来说，最重要的是让所有员工在工作的过程中都能对自己的工作伙伴真诚相待，时刻为对方着想。

丰田内部也许有着与一流企业这个身份不太匹配的人际交

往方式。

我参观了丰田的很多工厂，所有的上司和下属都会彼此称呼昵称，或者直呼对方姓名。很多一线管理者对人际交往的温度都十分敏感。

很多上司都十分关心自己的下属，甚至对下属的一些私事也会给予全方位的支持和帮助。在丰田，每一位员工绝不仅仅是一个个小小的零部件，而是其他人的工作伙伴和挚友。

虽然这种说法可能有些夸张，但我认为公司就是一个有机的生命体。企业的组织结构虽然呈金字塔状，但所有的经营者、组织者和普通员工从各司其职这个角度来看都是平等的。

因此，所有员工都应该被赋予合适的职位，并应该得到中肯的评价。有的员工擅长活跃气氛，能让身边的人都能安心、舒心地工作，他在这方面的能力应该得到正面、合理的评价。例如，管理者可以让他出席各类宴会，活跃气氛。

我认为，这种发挥所有人长处的管理风格，正是丰田纲领中这句话的最好体现："发挥团结友爱的精神，营造家庭式的和谐氛围。"

在一个家庭中，也许丈夫不中用，但妻子并不能因为他不完美而轻易地将他赶出家门。同样的道理，丰田也不会随意放弃任何一位员工。

这样的文化虽然不能直接提高生产效率、改善业务，但它一定能够提高公司员工的斗志，活跃组织氛围，进而促进公司业绩的提升。

3. 没有热情和信念的人不适合从事育人工作

育人者一定要有热情和信念

“光有完善的课程和课本，并不能真正地打动学员的心，达到改变的目的。”

A 部长经常将这句话挂在嘴边，我也十分赞同。我认为，对真正的教育来说，育人者与受教者之间的磨合是十分重要且不可或缺的。虽然课程和课本也十分重要，但作为育人者，一定要对育人工作怀有热情，要认真对待，要有一颗爱人之心，还要有赤诚的信念。

只是照搬照抄前人的做法，消化准备好的课件，或者仅仅遵从上司的意愿，未能倾听一线的声音，这样育人是绝不可能取得令人满意的成果的。一些一流的企业或者中坚企业虽然有非常完善的课程和课本，但培训效果仍然不太理想，这都是以上原因所致。这些公司的培训在不知不觉中已经教条化，不能做到推陈出新。

当企业员工参加这样的培训活动时，我会不禁反问："管理者真的关注和关心自己的下属和后辈吗？管理者真的从心底里想要培养他们吗？"重视人才培养、凝聚力强的企业都有一个共同点，那就是育人者对人才培养怀有赤诚的信念和热情。也就是说，大型企业和中坚企业的培训者、中小型企业的经营者对培训的看法和热情，以及他们是否拥有持之以恒的信念，将会决定培训取得的最终成效。

育人者之间也有差别

丰田内部的不同部门的培训开展情况也会有所不同，即使采用相同的课程和课本，只要培训师的热情程度和教学方式有所不同，学员真正的收获和行动结果也会有一定的差别。不过，丰田整体对于人才培养的重视程度极高，管理者对员工培训都怀有非常高的热情，也有自己的育人理念。只是，从个体来看，培训师之间确实存在差别，这一点不可否认。

丰田对员工的教育与培训主要由技术培养机构和技术人才培养强化科室主导。全公司上下采用同样的课程设置。每一家工厂都会根据课程设置对员工进行教育与培训，但是推进课程的具体方式还要由各家工厂在商讨之后自行决定。

我曾经有幸作为一名调查员参与过人事部（现在的技术人才培养强化科室）举办的培训师会议。在会上，大家都踊跃提问，提出自己的观点，讨论十分热烈。

相信大多数公司的会议都以上传下达为主，但在这次面向丰田总部工厂负责人的会议上，大家都坦诚地各抒己见，根据一线的实际情况确定课程。我相信，这样干实事、有原则的工厂，一定能够成功地开展符合自身实际情况的人才培养课程。

如上所述，人才培养不光考验培训师，对组织培训的工作人员来说也是一种考验。我认为，中小型企业有一点比大企业更有优势，那就是社长可以根据现实情况灵活地向一线人员下达指令。由于中小型企业的员工人数并不多，所以社长可以随时了解一线的生产情况并迅速得到反馈，快速取得一手资料。

反复练习基本功

还有一点也十分重要，那就是绝对不能将培训课程改得面目全非。A 部长曾经说过，不懂教育的人不能设计课程。对于这一点，我也有亲身体会。一些经验尚浅的年轻员工在负责培训工作的时候，或许是为了彰显自己与前任的不同，会对课程设计进行大幅度的调整。但这样的行为不仅不能发挥改善的作用，反而起到了负面作用。

培训最重要的其实是反复练习基本功。培训师要在课程中强化企业的经营理念，帮助学员提高对各个工作环节的熟悉程度，传递企业文化与各种制度。正如前文提到的，对体育运动员来说，基本功非常重要。

打招呼、4S 以及报告、联络、沟通这些基本功对企业员工来说是理所当然的事情，但更重要的是如何将这些行为变成习惯。如果学员心里明白却不行动，那么培训就毫无效果。一名合格的培训师，在培养人才的过程中必须传达这样的理念。

4. 管理者要坦诚对待下属，并发自肺腑地斥责他、鼓励他

管理者应该具备的素养

“社长，我帮你把老虎放出来了，但抓它可是由你负责哟！”

上面这句话是改编自一休哥故事的玩笑话。其实，我真正想说的是，学员在完成包括 OJT 在内的培训后，如何有效跟进才是重中之重。

其中，下属与上司的相处方式十分重要。不论是一线管理

者，还是中小型企业最高管理者的社长，他们的言行和态度都能对员工产生极大的影响。

接下来，我谈一谈领导力。关于领导力，前文已有提及，我会在本章阐述领导力的核心是什么。

前文提到，领导力的本质就是人格力量（即影响他人的能力）。要想真正地吸引人才，人格力量是必不可少的。说得极端一点，管理者要拥有能够吸引他人的魅力，让人想要跟在他身后，跟随他的一言一行。

那么，拥有这种魅力的管理者又有什么样的特点呢？

根据多年的经验，我总结了几个特点，罗列如下：

拥有碾压下属的实力和成绩，诚实勤勉，遵守约定，胸怀大志，赤诚待人，热情执着，言行一致，拥有非常强的决断力，严厉的同时也能温柔待人，拥有过人的包容性和忍耐力，能够牺牲自我成全他人，具有自我克制能力，具有自我反省能力，正直清廉，能够承认自己的过错，有勇气，拥有素直之心。

其实，还有非常多的特点可以罗列出来。不过，大致的要点就是，管理者既要让下属爱戴、尊敬自己，也要让他们对自己充满敬畏之心。

大家看看自己身边的优秀管理者，应该也会有同样的感受。

著名思想家、著有《君主论》的尼可罗·马吉亚维利有这样一句名言：**“管理者就是带领团队成员实现组织目标、获得成果，但有时也让人敬畏、让人讨厌的人物。那些被众人蔑视的人成不了管理者。”**

基于近30年的工作经验，特别是近10年的工作经验，我发现越来越多的人都不想成为招人嫌的管理者，而想成为一个受人爱戴的人。

确实，一般人都想成为受人尊敬、爱戴的人，不想被别人讨厌。特别是中小型企业，只有员工都爱戴社长、敬畏社长的公司，才会变得更加强大。这确实与“爱司精神”有着密不可分的关系。当公司被逼入绝境时，也许这种精神会成为公司继续走下去的一大动力。

但除此之外，还有两点也非常重要。那就是社长要与员工朝夕与共，社长的心必须时时刻刻放在一线。

领导力要通过行动、态度来体现

现实是残酷的。有时候，我们心中虽然有一张理想蓝图，但总是很难企及。其实，这是稀松平常的事情。我们不能过分悲观，也不能轻言放弃，就此止步。

有一点我们绝不能忘记，那就是要做行动的巨人，不能只练嘴上功夫。下属天天看着上司的一言一行，他们能够敏锐地察觉到上司所想。如果上司只是说一些好听的话而不付出行动，那么一定没有人愿意跟随他。

因此，管理者每一天的行动和态度非常重要。相信很多管理者都十分烦恼应该如何批评和夸奖下属。但我认为，最重要的就是从心底里为对方着想，站在对方的立场上考虑问题，如果连这一点意识都没有，就不能通过人格力量吸引下属积极主动地开展工作。

我们要扪心自问，你究竟有没有做到像父亲那样边哭边抽打下属，以求让他进取？当然，我这里所说的“抽打”并不是字面上的意思，不是要你体罚员工。我们必须要以真正为下属好的心态去批评、鼓励他。只有发自肺腑地为对方着想，才会提醒他、斥责他、赞扬他、鼓励他。

也许从某种程度上来说，赞扬下属要比斥责下属更难。虽然有一些管理者会时不时地夸奖下属，但那些都只是技巧性、表面性的东西，很容易被看穿。不可否认，社长的鼓励对员工来说是最大的褒奖和鼓励。前文介绍了 T 公司的改革历程，A

部长每次听完一线员工的汇报，即使对方汇报得不完美，他也会找出值得肯定的地方赞扬对方。

有的时候，也许你会发现一些漏洞，但你可以通过一些方式巧妙地鼓励员工。例如，你可以一边对他说“你要不要改变一下自己的想法”，一边拍拍他的肩膀安慰他；你也可以对他说“确实挺好的，不过还有一些能够改进的地方，比如……”。你最好能以这样的方式直截了当地肯定下属，鼓励下属。

聆听下属的心声

生活越来越好的同时，大家也在时时刻刻追求被需要、被认同、被肯定的感觉。有些人无法在现实生活中获得这样的感受，所以会通过社交媒体寻求这样的感受。这个时代是一个社交媒体盛行的时代。不过，与虚拟的网络社交关系相比，能让员工真实感受到亲切与温暖的职场人际关系更加珍贵。作为一名管理者，对这些问题一定要有清晰的认识。

有一次，我去丰田的工厂参观，那次经历让我终生难忘。那是一个生产零部件的车间，墙上挂着一位年轻员工的照片，照片下方写着一个称号“环境大臣”。

当时，我感到十分不解。其实，这里的“环境大臣”是指负责一线生产车间环境卫生的责任人。为了保证一线生产车间的品质和生产效率，打造便于工作的环境，该车间开展了以环保为目的的改善项目，并且选拔了一位年轻的员工当负责人。照片上的那位便是当时的负责人。

每个人都希望得到他人的认可，成为他人的依靠。我认为，这种展示照片、标注头衔的方式，能够为每一位员工带来属于他的责任感以及对待工作认真负责的使命感。

我还认为，这种方式能让每个人都在职场中收获满足感。在公共场合受到表扬，满足感便会加深。就像上面的例子一样，如果把照片放在工厂车间，就会给来访的人留下深刻的印象。也许会有人觉得有些不好意思，但这种感觉是与责任感相伴相随的。

一名管理者需要具备多种素质。但真正重要的是，管理者要时刻问自己：

- **你真的了解自己的下属吗？**
- **你有发自肺腑地为自己的下属着想吗？**

“有多少人愿意为了你拼死拼活？”

“我虽然不知道具体数字，但我愿意为了我的下属拼尽全力。”

这是山冈铁舟先生和清水次郎先生的一段对话，虽然有一些夸张，但我认为这才是一名合格的管理者应有的姿态。

TOYOTA

第五章

现身说法：我的公司是这样改变的

中小型企业在引入 DMP 培训后，成果显著。

本章将会详细介绍多家公司的真实案例，这些案例的主人公是各家企业的经营者。我希望大家能够听到这些来自一线的声音。

1. 战斗在销售一线的员工总是会自主思考、自主行动

勤于动脑的员工成长得更快。

——人才企划代表董事[①] 平井善明

在培训过程中不光要记，还要思考

我们公司能够走到今天，多亏了早矢仕先生相助，我要感

① 日本的公司法规定，董事会必须指定一名或多名公司代表董事，其中一名代表董事必须在日本居住，但无需为日本公民，代表董事在与第三方接洽时可以代表公司处理相关事务，但代表董事必须按照董事会决定开展业务活动。

谢他和他的 DMP 培训。

我和他相识是在 20 多年前，当时我还是一名 32 岁的公司员工。社长当时命令我去参加 DMP 的合宿培训。说实话，当时去参加培训，并不是我自愿去做的事情。

早矢仕先生当时也是 30 多岁，我们都年轻气盛，相处时偶尔也会有紧张的气氛。但现在回想起来，这应该就是彼此之间的磨合与碰撞吧。

在培训过程中，课题一个接一个地出现，我们需要不断地快速思考与解答。虽然我的身体并不觉得疲惫，但脑子里早已掀起了一场风暴。当时，我的经验还不是很多。

现在回过头来看，这样的培训对 10 年后、20 年后的我来说是很有用的，我的收获很大。在那之前，我也参加过很多培训，包括一些学习规则规章的培训，但那些都是需要死记硬背的东西，如大声练习问候语、背诵公司制度和规则等。有些公司为了锻炼员工的团队协作能力，以斯巴达式的培训方式，让员工在夜间行进 40 千米。

在人的高速成长期，这样的培训方式其实没有错。通过培训让员工掌握正确的工作方法并形成习惯，确实能够提高公司的业绩，员工的工资也会自然而然地随之增长。只要认认真真工作，总有一天会晋升为课长、部长。以结局来说，大家都是幸福的。

但 DMP 培训却有所不同，它培养的是每一个人的自律和自立的能力。也就是说，它与以往死记硬背式的培训完全不同，每一个人都要真正地去思考、去行动。

见到培训成果的那一天

从那以后，8 年时光流淌，我在 40 岁的时候成立了自己的公司。当时，我自费参加了合宿培训。我深刻地体会到 DMP 培训的真谛。这一次，我下定决心，攒够一定的资金后，一定要将这种培训引入我的公司。此后，我又先后三次参加了合宿培训。

现在，我的公司已经引入了合宿培训以及特别定制的培训，对员工进行教育和指导。在这几年间共有 20~30 名员工，先后六七次、每次四五人分别参与了四晚五天的合宿培训。有时，我们还将早矢仕老师请到公司为员工进行指导，另外还会开展管理者座谈会，组织七八名干部参与。

此类培训让我印象最深刻的是，一些不可能的事情已然成为可能。例如，我们的新事业开发部门曾经制订了一个计划，要一天完成50个项目。刚开始，他们只完成了工作量的一半，但经过培训之后，从第二个月开始他们几乎达成了当初制定的目标。当我们去寻找达成目标的原因时，发现正是因为参与了培训，所以才有了这样的结果。培训为一线带来的变化与成果是肉眼可见的。

不管是谁，在日常生活中都有懒惰的一面。但接受DMP培训之后，你会渐渐养成停下来思考的习惯，不再畏惧失败，认真思考后再去做事。

例如，员工在被客户训斥之后回到公司向上司哭诉。若在以前，他也许会问上司到底该怎么办。但经过培训之后，他会反省自己，重新开始思考应该如何去做，并在想好之后，将自己的想法告诉上司，请求上司的指点与帮助。

从额头出汗到脑内出汗

当年，招聘广告风靡一时，广告公司异军突起。但是，近年来随着对手越来越多，竞争也越来越激烈。

此外，招聘广告也不再仅仅出现在纸质媒体上，还要顺应潮流，出现在手机端、客户端等上面。商品的结构越来越复杂，需求也越来越多样化。

以前，也许只要稍微努力一下、流点汗水，就能让业绩有所好转。但是，现在如果不在大脑内掀起一场风暴、让头脑“出汗”，就不会有令人惊喜的成果。

例如，丧葬业的招聘广告一般都很难见效，因为相关的职业不是什么受欢迎的职业，这个行业也不是人人都想从事的行业。因此，即使花了重金发布求职信息，人们也不见得会来应聘。正因为存在这样的实际情况，所以丧葬公司在招聘环节从来都不会特别安排人手。

但是，一位员工的想法让这个局面发生了改变。他从客户那里打听到一部电影的小道消息，那就是《入殓师》将要上映。他在打听到这个消息后，立刻向相关公司提案，最终成功开拓了新的事业。

感化周围的人

要想真正体会到培训带来的改变，收回当初投入的几十万日元的培训费，也许需要花费至少两年的时间。

培训过后，立刻将那些察觉到的事情反映在日常生活中并有所改变的人大约占三成。约半年到一年后意识到自己不能再这样下去，回想培训过程中的种种，下定决心改变的人大约也占三成。剩下的人就非常遗憾了，也许他们会就此故步自封。

但这些人并非就此失去了希望，也许他们在看到那些立刻行动、有所改变、收获成果的人受到了上司的表扬时，内心也会产生波动，开始思考自己是不是也应该有所行动。

也许上司都在鼓励下属将培训中学到的东西用到现实工作中，但他们即便不这样做，也不会被炒鱿鱼，更不会被降工资。因此，最终的决定权还是在员工自己手中。如果自己有改变的意识，即使没有人提醒，也没有关系。在这一点的培训和引导上，早矢仕老师非常厉害。

本公司的业务以发布招聘信息广告为主，我们公司对员工的培训教育工作并非一帆风顺。近年来，销售岗位的人气有所下降，导致开拓新客户的业务变得十分艰难。该岗位离职率约为一到三成，有一些人干不满一年就会辞职。在这样的大环境下，要想让公司持续稳定地发展，不断地进行培训与 OJT 就显得十分重要。

培训与 OJT 的联动机制

为了让员工时刻不忘培训时的体验，可以让他们读一本小册子《改变意识》。DMP 培训提倡培养习惯，这本小册子就是一个重要的引导工具。

不要只看现象，要看问题的本质，所有的问题都要找到本质原因，这本小册子上面都是 DMP 的术语。此外，上面还写了一些能够鼓舞人心的话语，例如，“不要什么都没做就去询问他人”，“成败得失在于人格力量”，等等。这些都是能够为日常行为与态度的改变带来力量的话语。

另外，还有一本小册子可以教你如何察觉身边发生的事情，其中一个方法是将工作中发生而且自己察觉到的事情，以及应该如何行动等事项都记录在手账中。记录一些小事也没有关系。例如，记录自己在公司大楼前捡了三个垃圾并把它们扔掉，让环境变得更加整洁了，自己的心情也更愉悦了，诸如此类。内容再琐碎都无所谓，最重要的是养成记录的习惯。

作为社长，我在读过这些内容后，也会对员工有所反馈。我会将这些好的案例公布出来，并且给予员工一定的奖励。有的时候，这些工作在公司做不完，我还会拿回家完成。就这样前前后后坚持了 10 年。

在活动开始之初，员工只有 30 人左右，现在员工已经增加到了 100 人左右。为每一位员工手写评语也变得困难了起来。对员工来说，由于产品变得更加复杂，工作内容也增多了，所以记录这些日常工作的感想也变成了一种负担。现在，公司虽然没有将这个手账活动持续地开展下去，但我对员工的关心并没有丝毫减少，员工对我来说仍旧是最重要的。

对社长而言，没有什么比员工自律、自立更好的事情了。但是，即便员工能够做到这一点，也并不代表社长就可以就此放松。我认为，在一家蓬勃发展的公司里，员工的最佳状态就是拥有自律与自立的意识。

我们公司之所以能有今天的发展，与DMP培训密不可分。

人才企划

这是一家发布招聘信息的广告代理公司。该公司以名古屋为大本营，近年来十分活跃，在同行业中也处于遥遥领先的地位。2001年，代表董事平井善明先生和其他三名合伙人共同创建了这家公司，当时规模很小。2016年3月，这家公司的营业额达到了21亿日元。

该公司与同行业其他公司合作频繁，有大约100名员工（包括兼职工、短期工等），员工的平均年龄是29岁。这家企业不断践行OJT的核心理念，加强业务基本功。公司理念诚如其名，重视人与才，他们在人才培养的道路上越走越远。

·作者的感想·

丰田英二先生曾说："人才是经营的关键，企业的兴衰成败取决于人才。"

这也是我在参与过众多企业的培训后感受最深的一点。

大多数中小型企业都在严峻的环境中奋力前行，人才企划公司也不例外。

包括广告行业在内，在商业世界高速发展也越来越复杂的进程中，很多中小型企业都希望能够培养出一批有能力、有才干的一线员工。

平井社长经常这样鼓励员工："去好好学习吧！就当宣传公司，宣传自己！"这体现了他对公司人才培养能力的自信。曾有耳闻，平井社长即使身在公司外，也会时刻心系员工，打电话鼓励那些回到公司的销售人员"再去跑跑业务，再努力一下如何"。

平井社长有一个强烈的执念，那就是努力让自己成为广告专家，这也是他一直以来引以为傲的信念。他所经营的人才企划公司并不是仅仅帮助客户发布招聘广告来赚钱，而是通过广告真正为客户找到人才并录用人才。

这家公司能够做大做强，与他的经营理念密不可分。要想真正地实践经营理念，不断地培养能够自主思考、自主行动的一线员工十分重要。

我认为，最厉害的团队既不是那种像社团那样成员彼此之间的关系非常好的团队，也不是那种墨守成规的官僚式组织，而是每一位成员都能充分发挥自身领导力的团队。

培训如果不能与 OJT 结合起来就没有任何意义。但是，没有庞大规模和细致组织划分的中小型企业要想真正落实自己的经营战略与目标，并不是一件容易的事。

如果从 OJT 的本质来考虑，那么只有中小型企业才能做到的事情也有很多，例如，OJT 中最初也是最重要的一环——培养自我察觉的能力。人才企划公司平时就十分注重培养员工的自我察觉能力，让员工在日常工作中养成良好的行为习惯，并从多个渠道不断收集信息，不断汲取养分后孕育出新的智慧。

2. 社长意识的改变与公司改革息息相关

管理者必须学会如何思考与觉察。

——太田电工社代表董事　太田厚

公司能否持续经营10年

公司一直以来负债累累，为了确保今后能获得更多的收入，我们必须开拓附加值更高的业务。在这种背景下，我们除了深耕以往的电力工程业务，还开拓了通信业务。将电力工程和通信结合，为客户提供一站式服务，既能缩短工期，也能节约成本，有非常多的好处。

为了改革公司的业务，并让员工工作得更加主动、更加舒心，必须重视员工的培养。

公司本来人手不足，招聘工作并不顺利。因此，我认为应该珍惜那些已经进入公司的员工，不断地培养他们，让他们得到成长。另外，技术岗位的员工平均年龄都在 50 岁左右，如果持续如此，那么公司是无法取得长期发展的，甚至整个行业都会衰退。

技术岗位的员工并不是短短一两年时间就能培养出来的，我们必须展望 10 年以后的情况，认真考虑当下应该采取什么样的行动。

被破坏的合宿培训

2008 年 9 月，公司举办管理者培训班，培训的对象是所有管理者。

在此之前，我曾见过早矢仕老师。2000 年，我参加过爱知县中小企业家青年会主办的管理者研讨会，他正好担任讲师。

其实，当时参加早矢仕老师培训的企业基本上都面临着各种严峻的经营局面。当时，我们公司经营得还不错，并没有借债，也不想被别人议论，所以没有特意参加他的培训。但是，后来在一位朋友的强烈推荐下，我参加了为期一周的合宿培训，当时的培训在兵库县姬路市一家寺院里开展。那里没有手机信号，十分闭塞。就在如此封闭的空间里，我和其他伙伴一同参加了培训。现在想想，这样的机会十分难得。

参加培训的第一天，我的固有观念就被打破了。

第一天的培训让我觉得这样的培训持续一周没有任何意义，我也不想再参加了。但从第二天下午开始，随着我与团队成员们越来越熟悉，培训也开始变得越来越有趣。一个一个课题相继出现，我们都拼尽了全力去思考。虽然当时觉得题目非常难，有一种被强迫思考的感觉，但也不得不去解答。就这样，我逐渐得到了锻炼，最终收获了很多，我开始能够积极主动地思考问题的本质究竟是什么。

我也渐渐开始思考，为什么会发生这样的问题，开始去探究真正的原因。我会思考在看到什么之后才有了这样的想法，我学会了思考问题的前提，这些都是通过培训学到的东西。

参加培训三四天之后，我逐渐明白了，每一位团队成员都有短处，所有人都要为他人着想，引导他人对自己的不足之处进行思考。与此同时，我也从其他团队成员身上学到了很多，这些都可以运用在平时与下属的沟通交流中。

从零开始思考公司的经营模式

通过培训，我学到了很多东西，其中最大的收获就是学会了如何思考，这些都可以运用在平时的经营管理中。以前有很多事情，我觉得自己明白了，但现在看来其实并没有真正理解。我确信，我过去有很多的想法和信息都没有真正有效地传达给我的员工，因为我并没有把自己想要传达的内容的前提明确地告诉他们。

通过培训，我明白了在进行思考或者判断的时候，一定要有前提意识。培训结束之后，我命令公司员工将公司内所有张贴的海报都撕下来，重新审视那些海报的前提和目标，让员工从零开始思考自己究竟想要达到什么样的目标。

在他们得出结果之后，我再次让他们慎重地思考，并问他们："公司是否还有成长空间？你认为应该朝哪个方向发展？"这样的活动持续了一周左右。

通过这次活动，我们收获了很多全新的理念，包括"如果不能让员工体会到自己存在的意义和价值，那么公司就算实现了盈利，也无法稳步持续地发展"，"我们绝不能故步自封，要顺应时代潮流、稳步向前”，“我们不能忘记自己作为匠人的身份，要坚守本业”，等等。

其实，我并不想描绘宏伟的蓝图，比如“10年后销售额翻番”这类远大的目标。没有必要将公司过分做大，但要打好坚实的基础，打造一个能让员工实现自我价值的机制，这才是最重要的。

从前，我觉得梦想不能当饭吃，必须脚踏实地。现在，我改变了自己的认知。有的时候，我们也要畅谈梦想，否则就无法培养优秀的员工。也就是说，要将没有目标、没有规划转换为有目标、有规划，并稳步实施。

也许员工并不能百分之百地理解我所要传达的东西及其内在的含义，但我有必要做好准备，培养他们的意识。这些精神层面的东西都是我通过DMP培训学到的重要内容。

感化员工，推进公司改革

在将电力工程和通信技术相结合，为客户提供高附加值服务之外，我们还要培养管理型的技术人才。员工成长了多少，公司就会成长多少。如果员工不能尽其才，那么公司就不能取得发展。

换种说法就是，不管制度如何变革，如何考虑战略，仅仅关注这些是没有办法让公司得到发展的，只有将战略、制度与人才培养结合起来，才能达到最终的目的。

在刚开始引入新制度的时候，公司内部确实会有员工反映新制度不适合自己。但是，现在更多的员工感受到了这样做的好处，并且非常认可如今的一线工作。

另外，我的工作内容也在发生着改变。以前，我也会去一线考察工作，但在心理上总感觉有一定的距离，将工作交给员工也不是特别放心。现在，即使不在一线，我也能够感受到人才培养所带来的成果。

这绝对不代表我会放任员工，不管不顾。我们有完善的制度和良好的工作环境，前辈会带领新员工开展工作，为他们建言献策，尽可能地节省时间。

例如，我会鼓励他们把我的房间当成会议室，开展圆桌交流。大家可以围在一起讨论同一件事情，这对培养下属有很大的帮助。

此外，我也十分重视与公司员工的交流。公司招聘时会向应聘者提出一个很重要的条件，那就是要他们参加员工旅行交流会、家庭聚会等活动。我认为，除了员工，员工的家人也是公司的重要组成部分。

正所谓“情理一体”，只有将人格与技术能力结合起来，才能全方位地培养人才，这也是我们公司育人的起点。

○太田电工社

该公司位于名古屋，共有 16 名员工。该公司曾作为充满人性关怀的企业代表，接受过电视台的采访。另外，该公司十分注重人才培养，曾当选名古屋“人才确保支援事业”代表企业之一。

该公司时刻走在时代前列。该公司创建于 1967 年，是一家已经创业 50 多年的老公司，主要开展铺设电缆线路、构建局域网环境、导入节能减排设备等业务。

·作者的感想·

太田社长参加 DMP 培训的时候，太田电工社正处于发展的十字路口。究竟应该为公司制定什么样的发展战略呢？太田社长日日苦思冥想也没有想出答案。

虽然很多公司经营者的愿望都是将公司做大做强，但要想实现这一目标必须开拓市场，获取更多的目标用户，否则公司的发展就会止步不前。同时，拥有雄厚资金的大型企业与底气不足的中小型企业即使锁定的目标和市场相同，战略也必须有所差异。

做出这些判断是公司经营者的责任，但常常会被忽略。

太田社长通过 DMP 培训明白了应该如何思考问题的本质，如何对重要的、困难的事情做决断。太田社长学会了认真思考，并专心致志地经营公司。

太田电工社的成功，是从太田社长的意识发生改变开始的。最终，他为员工创造了能够发挥主观能动性的良好工作环境。

3. 学习知识与技巧之前要先培育人格

公司的所有员工都有必要接受 DMP 培训。

——羽根田商会代表董事　佐藤祐一

建立教育体系的“基干”

本公司教育工作中非常重要的一环，就是让新员工参加 DMP 培训。如果不参加此类培训，那么员工即使掌握了产品知识和业务能力，也没有用武之地。只有 DMP 培训才有这样的教育效果。

包括我在内的所有董事，以及中层管理者、普通员工，在数年间先后都参加过四晚五天的合宿培训。此外，公司还开展了董事培训和管理者培训。

另外，早矢仕老师每年都会来公司两次进行后续的培训，第二年还会举办两晚三天的管理者合宿活动，帮助大家巩固所学内容。

现在，我可以保证新员工培训和后续开展的 DMP 培训都有十分显著的效果。

在繁忙的日常工作中改变自己不是一件容易的事情，每一位员工看到早矢仕老师的脸时都会回想起自己参加培训的那段时光。虽然合宿培训只有短短的五天时间，但在此期间，早矢仕老师与员工们建立了相互信任的良好关系。

当然，无法保证所有的员工都能通过参加培训改变自己。有些员工能够具体地说出自己哪里发生了改变，而有些员工只能回答这是一次非常好的体验，其中的差别非常明显。这也成了我们招聘员工的标准之一。如果面试者不能很准确或具体地说出自己从中收获了什么，我们就不会录用他。

DMP 培训是一生的财富

我初中和高中都在同一所学校读书，当时寄宿在学校里。

之后，我进入大学学习。大学毕业后我去美国读 MBA，27 岁时回国进入现在的公司工作。我就任社长时 36 岁，当时共有约 40 名员工，有一半比我年长，有一半比我年龄小。距离出任社长已过去七八年，我才真正感受到这是自己的公司。正是因为 DMP 培训，我才真正感觉到自己聘用了适合公司的人才。

我将培训作为送给所有员工的一份礼物，因为是礼物，所以我并不求回报。我希望所有员工即使在辞职之后，也能够回想起参加培训的那段日子，并将这份经验视为自己一生的财富。

DMP 培训的本质就是不断在实践中学习成长

我之所以会接受 DMP 培训，是因为朋友的推荐。还记得他夸张地说："这是一个非常有趣的培训，你试试看吧，人生会发生改变的！"随后，我便去了姬路市的一间寺庙接受培训。

普通的培训主要是由讲师根据学员的学习速度讲授课程。但 DMP 培训却不一样，所有的负担都在学生身上。有的时候，由于压力非常大，大脑会一片混乱，根本摸不着头脑，不知道到底应该干什么。

但这就是现实。在现实生活中，你会同时面临很多问题，必须要将这些事情按照先后顺序一一处理。DMP 培训会人为地制造这样一种非常严峻的环境来激发人的潜能。

人如果长时间处于极限状态，就会自然而然地暴露本性，会不自觉地忽略那些应该去做的事情。我在被逼到绝境的时候会变得随心所欲，想做什么就做什么，试图尽快解决问题。当然，这样的行为在老师的课上是不被允许的，所以我也理所当然地受到了流放的惩罚。

此外，在培训中，我们要反复思考问题的本质，并将思考的结果以演讲的形式表达出来。

在那之前，我认为很多事情都应该自己做决定、自己下决心。但这次培训让我明白了，其实并不是这样的。“**你可以放下身段与别人商量解决问题的方法，只要你改变，大家也会乐意帮助你的**”，听了这样的回答，我忍不住流下了泪水。

如果员工参加培训，那么我会亲自到现场鼓励他们。这个时候，管理者的人格力量也得到了磨炼。

有时，管理者只是在表面上称赞下属做得好、真厉害，并与他握手，这会让下属觉得自己受到了轻视，管理者并不是发自真心祝福鼓励他。所以，每当这样的场景出现，我都会认认真真地面对每一位员工，侧耳倾听大家的收获，与每位员工一一握手，让员工真切地感受到我发自肺腑的称赞与祝福。这个过程有时会花费数小时的时间，但效果能持续到第二天。

虽然这样做可能会花费一些时间，但我认为这样做是十分有意义的。

○羽根田商会

该公司生产精密仪器，一开始业绩平平，后来通过提供高附加值的产品提升了业绩。这一路的改革和变化，离不开每一位员工的热情和努力。

DMP 培训大多都是管理者在参加培训之后，根据自身的体验，引入公司内部的。商会现在有约 100 名员工。社长在参加了管理者培训班后，便引入了 DMP 培训。

·作者的感想·

佐藤社长现在是爱知中小企业家同友会（会员人数约4000 人）的代表理事，拥有众多头衔，在爱知县中小企业界可以说无人不知、无人不晓。不过，他刚接受 DMP 培训的时候，才刚刚担任社长。

我有幸参与了羽根田商会构建员工教育体系的全过程。公司几乎所有的员工都参加过 DMP 培训，因而也构建了共同的价值观，即什么该做、什么不该做的概念在这家公司内部非常明确，企业文化也因此孕育而生。

佐藤社长十分赞同 DMP 培训所宣扬的“工作其实涵盖了我们人生的主要部分”这一理念。他在充分理解 DMP 培训的目标和育人理念后，在公司的员工教育体系中引入了我的培训。

4. 通过价值观的共鸣培养人才

DMP 专业用语已经成为公司内部的通用语言。

——浅间制作所执行董事、事务管理部长　星野健

相同的员工完成了相当于原先三倍的工作量

10 多年前，干部级别的员工第一次参加了 DMP 培训。此后，员工会按照顺序分别参加四晚五天的基础培训，每一位新入职的员工也会在进公司半年之后参加培训。截至目前，所有的员工都参加了 DMP 培训，参加人数共计 120~130 人。此外，部长及以上级别的管理者也会定期参加管理者培训。

现在，DMP 专业用语已经成为我们公司特有的语言。统一用语提高了我们的工作效率，对解决问题也有帮助。

社长在指导员工工作的时候，也会时刻铭记 DMP 专业用语所传递的理念。

“你是否考虑了问题的本质？”

“这样的表达方式恰当吗？”

我会用这种话来激励员工。

我自己也会制作小卡片，上面写着 DMP 培训中提到的有效沟通术。我通过这样的方式改变自己、影响他人。

引入 DMP 培训之后，我渐渐感受到员工们发生了质的变化。虽然员工人数和我 10 年前入职时相比没有什么变化，但销售额却由之前的六七十亿日元增长到 170 亿日元（2013 年的销售额刷新了历史纪录，达到了 172 亿 6000 万日元）。也就是说，相同的员工完成了相当于原先三倍的工作量。

在体验式培训中收获察觉与感动

DMP 培训与其他培训不同的一点是，老师不会命令学员这样做或那样做，而是通过引导学员，让他们自己领悟，自己思考，从而实现自我成长。因此，通过 DMP 培训形成的思考方式能够深入骨髓。

我刚开始参加 DMP 培训的时候并没有特别的抵触或反抗情绪。我现在仍然清楚地记得在参加基础培训的时候，一起上课的一位同事提议“要不然我们去揍早矢仕一顿吧”。在这场差点酿成的打斗之中，我充当了劝架者的角色。一切纠纷都从第三天开始烟消云散。

另外，在参加管理者培训的时候，班上有一位口齿伶俐的同事试图用自己的理论战胜早矢仕老师。当时，我也有同样的想法。不过，最后当然还是以老师的压倒性胜利而告终。

不管期间发生了多少大大小小的摩擦，这样的讨论确实让学员们团结了起来。当不善言谈的团队成员发表自己的想法时，我们都会忍不住为他鼓掌加油。也有很多学员因为感动而落泪。

浅间制作所

1948 年之后的 70 年，浅间制作所一直是一家精密仪器制造商，为计算机等产品提供零部件。

在这个行业里，生产计划或者设计临时改变是稀松平常之事，这些都会对经营产生一定的影响。在这样的大背景下，该公司回归制造业原点，以“理所当然的细节，当然要百分之百地完成”为目标，十分注重产品品质、工序管理和库存管理。

在开展 DMP 培训的过程中，我们也会结合产业的实际情况，帮助企业改革，开办员工培训课程。

·作者的感想·

DMP 专业用语在该公司被广泛使用，正是 OJT 效果显现的证明。

星野部长现在已经成为 DMP 培训的强力支持者。我听说过这样的事情。在新员工培训的第一个晚上，有的员工会被施以流放的惩罚，必须离开培训场地返回公司。如果不这样做，就不能让员工真正卸下心中的包袱。面对这样的员工，星野部长会在第二天谆谆教导他们，帮他们寻找原因，与他们促膝长谈，并将他们重新带回培训场地。正是因为有星野部长的理解和支持，我才能如此大胆地采用这样的培训模式。曾经还有过一个反例，一位 40 多岁的员工哭着给人事课长打电话说“想回公司去，不想再培训了”。为了锻炼他，公司最终决定让他继续留下培训，没有放他回去。

我们与浅间制作所的合作关系建立在相互信赖的基础上，我们十分愿意为该公司的员工培训与教育事业贡献自己的绵薄之力。

5. 管理者的意识改变之后，事故发生率锐减

比起知识，意识更加重要，一定要持之以恒。

——名阪急配代表董事、社长　村井圣

想象与一线真实情况之间的落差令人震惊

我 22 岁进入公司，40 岁就任社长一职。30 岁刚出头的时候，我从未考虑过人才培养的事情。父亲曾经这样告诫我："应对突发安全事故也是一项非常重要的工作，如果不能很好地适应，我劝你还是尽早放弃吧。如果你想要坚持下去，就要准备好面对眼前的一切。"当时，我并没有觉得有什么不对的

地方。

现在已经过去了将近 20 年，一线的安全对我来说是一件极其重要的事情。“今天会不会有突发安全事故呢？”每天想到这个问题时，我都会胆战心惊。有时早上起来看到新闻提及交通事故，我都会心里一颤。

很多司机或一线管理者都会自豪而又肯定地说：“我肯定没问题，不会出事的！”“我们物流中心怎么可能会有事故发生呢？”但事故发生之后，他们又会后悔万分，纷纷说：“要是再多注意一下就好了。”“要是再多指导一下司机就好了。”面对这样的情况，我完全不知应该如何改善。

此外，我还会时刻思考，万一出现问题，应该怎么处理。说起来可笑，但这也是我平时工作的一部分。

如果不去想方设法填补这个漏洞，那么不管过了多长时间，事故发生率都是不会降低的。这样的话，没有人会得到真正的幸福。

培养注重安全的一线管理者

大概 10 年前，我开始真正下定决心加强针对员工的安全教育。早矢仕老师在那段时间里给了我很多帮助。要想真正改变公司，最重要的就是改变一线员工的思想意识。

刚开始，我们提出每月召开一次安全卫生例会，但很多一线管理者和司机都不重视，想着或许半年以后公司高层管理者就会忘了这回事。

如果没有早矢仕老师的培训，那么我们21家物流中心的所长也不会有今天这样优秀的表现。

在开展安全教育之前，我们没有任何的保险折扣（没有发生事故前提下的折扣），有时好一点能有20%~30%的优惠。培训之后，情况发生了翻天覆地的变化，现在的保险折扣达到了6~7折。

为了获得这份成果，前后花了十五六年。在短短的两三年时间里并没有什么明显变化，到了第四年，改善的效果才会慢慢显现出来。过了五六年，人们才会产生"确实发生了改变"的感觉。

名阪急配

该公司位于爱知县春日井市，是一家物流公司，拥有570辆车、2000余名员工。该公司业务广泛，包括为便利店、大型商超、制造商运输商品，对物流中心的产品进行检验等。从保管环节到加工环节，该公司都会参与其中。

该公司的起点是创始人（现在的会长）与朋友共同开展的货物包装运输服务。此后，经过不断的奋斗与创新，该公司才获得了今天的耀眼成绩。现在，公司的掌舵人是公司创始人的次子。

· 作者的感想 ·

运输行业发生事故在所难免，也许业界的大多数人都会这么认为。一次重大事故之后，村井社长彻底改变了这样的想法。

名阪急配公司成立了安全卫生小分队，积极开展安全教育活动，这件事在当地的中小型企业界广为人知。但在刚开始推广该理念的时候，公司内部并没有很多人响应。

在这样的大背景下，该公司综合岗的所有员工都参加了我的培训，共计 100 多人。

名阪急配公司也因此培养出了注重职场安全与卫生的一线管理者，事故发生率明显下降。如果我的培训能够为公司的管理者提供帮助，那真是再荣幸不过的事情了。

村井社长一直以来都十分关注一线管理者——物流中心所长的培养。

村井社长这样对我说："现在不管做什么事情，员工都会先思考它的本质和做事的依据，之后再发挥主观能动性，积极地去改变、去行动。我认为这是十分了不起的转变。"

6. 不断思考、坚持到底，养成良好的习惯

我时刻提醒自己保持察觉意识，一转眼坚持了 10 年。

——福丰土地代表董事　驹木敏宏

曾经穿着皇帝新装的独裁经营者

2006 年 6 月，我第一次去增位山随愿寺参加了四晚五天的培训（管理者培训班）。从那以后的 10 年，我先后 10 次参加了合宿培训。

那种感觉就像去参加同学会一样。每次我去参加培训的时候，员工都会笑着对我说："老板，您又去参加培训呀！"

在参加 DMP 培训之前，我就像穿着皇帝新装的独裁经营者，总是独断专行，以不谦逊的态度指使员工工作。

虽然支付的酬劳不菲，但还是有两名员工先后辞职。其中一位辞职的时候，我毫不客气地说："你凭什么辞职？都是你不对！"我还狠狠地斥责了他。

那时，一位好心的朋友提醒我说："你再这样下去的话，将会失去工作，失去一切。你去参加 DMP 培训，好好体验一下吧。"

刚开始的时候，我也是拒绝的，但朋友的话最终打动了我，他说："我陪你一起，就去试试吧。你不能只考虑自己，还要考虑员工和家人。"

这位参加过 DMP 培训的朋友也是一位公司经营者，曾经负债累累，被迫放弃了公司。他有过这样的经历，所以更加明白其中的辛苦和难处，才会劝诫我不要再犯同样的错误。

DMP 培训让我焕然一新。

一次难忘的培训经历

现在回想起来，培训前三天真的非常辛苦，大脑一片混乱。但从第四天开始，我就感受到了其中的乐趣，我会主动将一些想到的东西记录在本子上。

下面是我做的笔记的部分内容。

周一：

第1题～第6题简直让人一头雾水，完全不知道该如何是好。通过这个能学到什么呢？这样下去真的没问题吗？太不安了。

周二：

今天通过辩论的方式讨论了昨天的问题。我真的不太擅长这种讨论，本来想逃避，还好终于告一段落。大脑一片空白，内心充满了恐惧与不安。做这些会带来什么变化吗？不安让我失眠。

周三：

没能很好地回答早矢仕老师提出的问题，当时大脑一片空白，只是重复性地从表面回答了问题，不出意料地惨遭流放……（中间内容略）……走出教室环顾寺庙，回想这几天的辛苦与疲惫，像崩了的琴弦一般忍不住大声哭出来。

周四：

内心充满不畏惧失败的勇气，有生以来第一次有了这样的感受。真的特别高兴。我终于明白，没有必要假装去做那些做不到的事情，不要迎合他人，也不要自卑。感受到了自己的改变，非常欣喜，但同时也为自己曾经的桀骜不驯而悔恨。再一次忍不住流泪。

明白了本质的重要性

大约 20 年前，我创立了这家公司，当时大女儿 6 岁，小女儿 3 岁。一直以来支撑我走下去的就是她们，我想在孩子们长大成人之前坚持现在的工作。在这 10 年的时间里，通过不断的努力与坚持，我的技术得到了磨炼，我也明白了工作和生活的本质。现在大女儿和二女儿都已结婚生子，有了自己的家庭。

现阶段我面临着公司的继承问题。这个烦恼不大，甚至不足以称之为烦恼，因为它只是一道选择题。如果确定了方向，那么接下来只需要采取行动即可。人们在烦恼时，总是倾向于抱怨，或者找一些理由搪塞，但这些举动都是毫无意义的。

这些不是我一个人悟出来的大道理，而是在 DMP 培训中悟到的真谛。也就是说，培训让我认识到了思考本质的重要性。只要了解了问题的本质，表面的问题就能迎刃而解。谢谢你们让我明白了这个重要的道理。

通过思考本质让工作顺利开展

公司有一条规定，晋升条件之一就是必须参加DMP培训。每次培训结束后，我都会欣喜地看到员工身上的变化。

以前有一位员工总是不愿意接电话，不知道他是没有意识到电话响了，还是不想接电话。不管是什么原因，他从未主动接过电话。

也许你提醒他几句，作为社会人的他自然也会察觉到这件事情。但就道理来讲，这种事情就算不提醒也应该有所察觉。这个度非常难拿捏。

这位员工参加培训之后，情况有了明显的改善。他意识到这不仅仅是一通电话，重要的其实是电话对面的人以及同事。

报告、联络、沟通也是同样的道理。真正理想的状态，并不是一味地下达指示“要报告这件事的进展”“要去跟踪那件事情的进度”，而是要让员工自己认识到，这件事情有没有向上级报告或联络的必要。也就是说，需要真正理解报告、联络、沟通的本质。

那么，本质到底是什么呢？

例如，花 100 日元买到的便宜打火机，既可以抽烟时用，也可以作为点火工具。也就是说，它的本质是一个可以放在身边、随时随地都可以用来点火的工具。如果站在这个角度思考，我们就可以发现打火机的用途多种多样。这种洞察事物本质的能力在工作中也十分重要。

不断反思

虽然 DMP 培训能让所有人意识到自己需要改进的地方，但一转身就会把这些忘得一干二净。为了防止这样的情况出现，我们设置了培训观摩环节，在充满外部刺激的环境中让大家习惯成自然，并坚持下去。

我认为经营者的职责之一就是不断提醒员工坚持实践并反思在 DMP 培训中学到的东西。在此之前，经营者自身也必须做到这些，身先士卒。

以前，我们家并没有早上互相问好的习惯。参加完课程之后，早上问好、将玄关的鞋摆放整齐都成了我每日必修的功课。久而久之，妻子与女儿也养成了这些好习惯。

每天早上问好之后，家人也会遵从我、回应我。但这并不是下达指示，而是为了体现我作为一家之长的角色和责任。

这个道理同样适用于公司经营。我们不能仅仅下达指令、命令员工，而要让他们充分发挥主观能动性，这才是工作顺利开展最关键的前提。

○福丰土地

这是一家位于名古屋的房地产中介公司，凭借独到的经营理念广泛开展各种业务，业务包括房地产评定以及咨询、企业合并收购案中房地产的买卖等。该公司员工不多，但在少数精英的带领下创造了辉煌的业绩。

该公司的社长每年都会参加 DMP 培训。他们会将培训内容记录下来，通过照片或者记笔记的方式还原当时的场景，并时刻保持着自己的初心。

社长的女儿也参加了 DMP 义务举办的青少年培训活动。

·作者的感想·

驹木社长平时也会践行通过 DMP 培训养成的习惯，不仅在工作中，在家里有时也会习惯性地思考“它的本质是什么”。

驹木社长温柔可亲的笑容是他的人格魅力得到磨炼的佐证。

自我意识的改变可以带来无穷无尽的力量。在 DMP 培训中有这样的说法：

如果我改变，世界就会改变；

如果我改变，职场就会改变；

如果想法改变，行动就会改变；

如果行动改变，习惯就会改变；

如果习惯改变，内心就会改变；

如果内心改变，人生就会改变。

结语

在皆川老师门下为徒已有30年，时光诚如白驹过隙。

回想这一路的历程，正因为有了与DMP相关的这份工作，我才有机会结识这么多充满人格魅力的公司管理者，度过了一段充满喜怒哀乐、多姿多彩的日子。也正因为有了这份工作，我才能自信并充实地度过一直以来的人生。

“森罗万象，万事万物皆为我师。”

“结交良师益友。”

刚入门的时候，皆川老师对我说的这两句话，我至今记忆犹新。

工作30余年，一路上有缘结识了如此多的

良师益友，我备感荣幸。

感谢SUMSON的野村夫妇，是你们让我认识了皆川老师。

感谢皆川老师，现在您一定在天国温暖地守护着我们吧。

感谢教我如何开展工作并塑造了我的人生观，引领我走上咨询之路，一直给予我力量的中尾清光先生。

还有冈本晴雄先生，谢谢您教会我赤诚无悔前行的道理。

以日高安则先生为首的前辈们，谢谢你们一直以来像对待弟弟一般关心我、照顾我。

最后，还有为本书的出版提供帮助和协助采访的各位经营者、公司高层管理者、接受培训的一线工作者们，谢谢你们在百忙之中鼎力相助。

还有20年来我一直有幸任职的丰田汽车公司的各位，以及工厂培训负责人们，感谢大家。

大家都是我最宝贵的恩师，向你们致以最诚挚的谢意。

特别是曾在丰田教育部任职、具有丰富经验的国枝健次先生、清水胜先生，还有致力于传播人才培养精髓、充分发挥一线力量的各位工作者，我在你们身上学到的东西数不胜数。

还有在总部工务部工作期间十分照顾我的伊藤贤治先生，

当时在事务所工作的T先生、I先生、S女士，以及在S工厂时期照顾我的Y女士。是你们教给了我丰田一线所有的细枝末节，告诉了我一线员工的实际工作情况。你们如同培训路上的战友，令我安心而感动。

现在回想起来，我越来越强烈地感受到，正是因为大家信任我、守护着我，不计较我的浅薄和失误，正是因为你们的大度与温暖，我才有了成长空间。

正是因为有了大家的帮助，我才真正明白了培育人才的乐趣。

感激之情，言说不尽！

社长对员工、上司对下属、前辈对后辈无条件地信任，给予他们充足的空间，帮助他们成长，给予他们足够的爱护，创造一个能够激发创造力的工作环境，正因为有了这些条件，树木才能生长得更加粗壮，枝繁叶茂，开花结果；每一位员工才能拼尽全力，孕育硕果；在一线工作的人员才能保持生机勃勃，面向共同的目标，自立、自律地前行。

最后，拙作之所以能够出版，还要感谢在幕后出力的雅飒出版社的佐藤和夫社长和Mediapot的胁田健一先生。借此机会感谢两位的付出。

希望这本书能够给读者带去力量，使大家的工作和人生更加充实。若能为您的成长提供一臂之力，我将感到无比荣幸。

早矢仕正克

2018 年春分于名古屋事务所

边眺望白川公园的春色边书

版权声明

好书推荐

ISBN：978-7-115-49230-2

定价：59.00 元

◎共享经济时代的企业生存策略。

◎指明 IOT、AI、共享经济的未来趋势。

◎借鉴日本企业的创新模式，为我国企业提供创新指导。

◎详细介绍日本与德国发展工业 4.0 的异同，并深入分析当今世界共享经济的热潮与趋势。

ISBN：978-7-115-49586-0

定价：49.00 元

◎介绍工业 4.0、IoT 和 AI 涉及的一些重要概念，如信息物理系统、大量客制化、制造业服务化、机器学习、深度学习等。

◎介绍企业在工业 4.0 时代应该如何改善质量、成本和交货期，如何开发产品和引进新系统。

◎展望中小型企业在工业 4.0 时代的理想状态，并收录一篇介绍工业 4.0 与机器人技术的专栏文章。